Herbert Molzbichler
Eine LESE-Humoreske aus Kleinkakanien

AF673035

Herbert Molzbichler

Eine LESE-Humoreske aus Kleinkakanien

Rediroma-Verlag
Remscheid

Bibliografische Information der Deutschen Nationalbibliothek:
Die Deutsche Nationalbibliothek verzeichnet diese Publikation in der Deutschen Nationalbibliografie; detaillierte bibliografische Daten sind im Internet über http://portal.dnb.de abrufbar.

ISBN 978-3-96103-595-3

Copyright (2019) Rediroma-Verlag

Alle Rechte beim Autor

www.rediroma-verlag.de
9,95 Euro (D)

Gewidmet allen humorvollen Jungen und Junggebliebenen.

*

„Durchs Lesen wird die Welt wohl nicht genesen."

*

Inhaltsverzeichnis

Vorwort

Entfällt leider, da sich niemand von Rang und Namen ungefragt bereitgefunden hat, ein paar einleitende Worte zu unserem Thema zu sprechen. Das werden wir locker verkraften, nicht wahr? Wer weiß, was da herausgekommen wäre.

*

Lassen wir lieber vorweg den gewitzten Haudegen Mark Twain zu den menschlichen Befindlichkeiten kurz zu Wort kommen. Dem „Homo sapiens sapiens“, der sich ja selbst gerne als Krone der Schöpfung bezeichnet und als absolutes „Highlight“ der Evolution sieht, hält er entgegen, dass Gott den Menschen nur erschaffen habe, weil er vom Affen enttäuscht war. Danach habe er auf weitere Experimente verzichtet.
Ein andermal verleiht er seiner Beobachtung Ausdruck, wonach wir die Mitmenschen schätzen, die frisch und offen ihre Meinung sagen – vorausgesetzt, sie meinen dasselbe wie wir.
Und wer möchte es leugnen: Dem Herdentrieb folgend sich im „Mainstream“ treiben zu lassen, ist bequem. Gegen den Strom zu schwimmen, um zur Quelle zu gelangen, ist hingegen anstrengend.

Warnhinweis

Nehmen Sie diese Warnung ernst. Wer trotzdem weiterliest, ist selbst schuld. Sie sollten nicht Ihre Lebenszeit mit Lesen verplempern. Dass die folgenden Überlegungen hier schwarz auf weiß – noch dazu in Form eines Büchleins – vorliegen, kann wohl nur einem peinlichen Versehen geschuldet sein. Ich lese diese Schreiberei bestimmt nicht. Ich lese überhaupt keine Bücher. Sie sollten es mir gleichtun! Wie kommt jemand überhaupt auf die kuriose Idee, seine Gedanken oder die anderer zu verschriftlichen, aufs Papier zu bannen? Das ist ja höchstens ein therapeutischer Ansatz.

Kapitel 1: Von *Alpha* bis *Omega* *oder:* Von *Aha* bis *Oje!*

Alpha

Aha, ich sehe schon. Das nehmen Sie mir nicht ab. Wie Sie meinen. Kann mir ja egal sein. Aber wie gesagt: Ich lese überhaupt keine Bücher. Warum sollte ich dann dieses lesen? Ist reine Zeitverschwendung und außerdem schlecht für die Augen. Kann einem mitunter auch noch den wohlverdienten Schlaf rauben. Die Nebenwirkungen müssten endlich einmal gründlich untersucht werden. Warum hat das bislang eigentlich niemand getan? Lesen ist zeitaufwändig und hält beispielsweise von Bewegung ab. Alles in allem: schlicht ungesund.

***

Da behaupten manche steif und fest, dass Lesen bildet. Es sei ihnen unbenommen, daran zu glauben. Aber vieles bildet jedenfalls auf angenehmere, abwechslungsreichere und interessantere Weise: Fernsehen bildet … Spiele bilden … Reisen bildet … ja und die sozialen Medien natürlich erst recht. Da erfährt man oft erstaunliche Dinge. Menschen, die sich für belesen halten, sind doch in der Regel eher überheblich. Stimmt's etwa nicht? Sie kennen sicher auch solche Schnösel, die sich auf ihre Belesenheit weiß Gott was einbilden?

***

Apropos Lesen bildet: Wissenschaftliche Abhandlungen oder kritische Sachbücher – hört man aus Verlagen – erreichten, sofern sie überhaupt publiziert würden, keine hohen Auflagen. Kaum jemand kaufe sie, kaum jemand lese sie. Diverse Kochbücher oder Reiseführer und ähnliches Zeugs seien da die löbliche Ausnahme. Die Belletristik – lassen Sie sich dieses Wort ruhig auf der Zunge zergehen –, die Bel-le-tris-tik reüssiere da schon weit besser. Der absolute Renner seien heute allerdings lustig-spaßige, schaudererregend-spannende und sextriefende Machwerke. Am besten wäre alles in einem vermanscht, wie es eine Insiderin plastisch ausdrückte. Auf Bildung werde meist gepfiffen. Verlage bräuchten eben Bestseller, keine Ladenhüter. Bücher müssen gut sein oder gut verkäuflich. Falls beides zutrifft, umso besser. Dann ist überhaupt alles paletti.

***

Seither ist mir durch die Erläuterungen der netten Verlagsdame übrigens auch die Bedeutung vom oft gehörten „Spiegel-Bestseller“ aufgegangen. Herrje, Buchvorstellungen in der deutschen Zeitschrift „Spiegel“ also. Bis zu unserem Gespräch hatte ich Unbedarfter tatsächlich gedacht, dass sich bestimmte Spiegel besonders gut verkaufen. Ja, lachen Sie ruhig. Ich werde in mich gehen. Nichts desto Trotz war das ein echtes Aha-Erlebnis für mich. So laufen die Dinge also. Durchaus erhellend, so was zu hören. Die meisten Verlage lechzen geradezu nach Titeln respektive Stoffen, die verheißungsvoll klingen und wo die Aussicht besteht, dass sie sich wie die warmen Semmeln verkaufen lassen. Logisch. Sind ja schließlich Wirtschaftsbetriebe, die sich im rauer werdenden Konkurrenzkampf abstrampeln, um zu überleben. Die Werbetrommel muss kräftig gerührt werden. Ohne Werbung geht rein gar nichts. Erst dadurch klingelt die Kassa. Ja sapperlot! Ein reißender Absatz ist heute das oberste – mitunter einzige – Ziel.

***

Woher ich das alles als ausgewiesener Büchermuffel eigentlich weiß, fragen Sie erstaunt. Keine Bücher zu lesen, heißt ja beileibe nicht, keine Ahnung von der Welt zu haben. Ich beobachte sehr genau, was vorgeht. Außerdem spreche ich gerne mit Leuten, die sich auskennen. Von da her wurde mir auch versichert, dass es Gott sei Dank noch löbliche Ausnahmen im Verlagswesen gebe, die nicht ausschließlich dem Mammon nachliefen, sondern auch den Bildungsauftrag und ähnliche Kriterien noch ernst nehmen. Ob das den Tatsachen entspricht, überlasse ich Ihrem Urteil. Gibt es eigentlich auch in Verlagen so etwas wie Berufsethik? Sollte es unbedingt, oder? Jedenfalls – so beklagt zumindest mein weitschichtiger Verwandter väterlicherseits, während er mich stolz in seine ansehnliche Privatbibliothek führt – werde gegenüber früheren Zeiten heute zunehmend mehr Ramsch publiziert. Dass seit geraumer Zeit neue Verlage gleichsam wie Radieschen aus dem Boden schießen – und meist schwuppdiwupp von großen Verlagshäusern einverleibt werden oder überhaupt völlig von der Bildfläche verschwinden –, macht das Ganze nicht einfacher. Na, was glauben Sie? Wie steht's da um die Qualität des massenhaft Produzierten? Mir kann niemand weismachen, es mache Sinn so was zu lesen. Völlig absurd. Mich interessiert all der Schund, den sich die Leute von der Seele schreiben, nicht die Bohne.

***

Anscheinend stehe ich diesbezüglich nicht allein da. Im Schnitt gebe jeder Österreicher sowie jede Österreicherin nur mehr 36 Euro pro Jahr für Bücher aus, wie mir besagter Lesefreak und Büchersammler aus meiner Verwandtschaft väterlicherseits, begleitet von einem tiefen Seufzer, neulich vorklagte. Das Entsetzen ob dieser Entwicklung stand ihm förmlich ins Gesicht geschrieben. Irgendwie überkam mich dabei so etwas wie innere Genugtuung. Ich kann dazu nur sagen: Bravo Herr und Frau Österreicher! Meine Landsleute schmeißen also ihr Geld nicht für allerhand Geschreibsel aus dem Fenster, noch lassen sie sich den Kopf vernebeln. Da sind unsere nördlichen Nachbarn, das Volk der Dichter, als welches sie sich nicht ungern sehen, keineswegs so weit. Zwar herrscht auch dort keine Lese- oder Büchermanie, aber jedenfalls machen die Deutschen im Schnitt mehr Geld für Lesestoff locker. Zu den beliebtesten Freizeitbeschäftigungen zählt das Lesen freilich auch in deutschen Landen nicht. Stellen Sie sich vor, das habe ich – durch diese Offenbarung neugierig geworden – glatt nachrecherchiert. Darüber staunen Sie, was? Ja, da macht für mich das Lesen Sinn. Bücher zu kaufen ist übrigens eine Sache, sie zu lesen eine andere. Gibt es doch Mitmenschen – ich kenne meinerseits ein paar von der Sorte –, die zwar persönlich kaum Bücher lesen, solche jedoch anderen bei verschiedenen Gelegenheiten mit Vorliebe zum Geschenk machen. Das würde mir nie einfallen. Was denken sich die Leute dabei? Fällt ihnen nichts Besseres ein? Wollen sie damit gar Eindruck schinden? Und das in einer Zeit, wo Online-Medien inzwischen von immer mehr Zeitgenossen wie Zeitgenossinnen häufiger genutzt werden als Printmedien.

***

Irgend so ein Wissenschaftler, ein Biologe oder Chemiker oder beides in einer Person, soll einmal gesagt haben – so hat man mir wenigstens verklickert –, dass die Welt von Fachleuten strotzt, die nichts zustande bringen, aber das auf Tausenden von Druckseiten. Recht hat der Mann. Da bin ich ganz bei ihm. Wer soll diesen ganzen Schwachsinn lesen? Und dafür auch noch Geld ausgeben. Wo es doch das Internet sowie Gratis-Zeitungen gibt, wo man täglich alles erfährt, was man an Wissen oder Informationen braucht. Ich meine, das sollte jedermann und jederfrau genügen. Aber diese armen Lesebesessenen bekommen halt nie genug Buchstaben zu Gesicht. Lesezwang ist eine neurotische Erscheinung – ja sagen wir es ruhig offen: eine Krankheit. Jean-Jacques Rousseau, der ja zeitlebens allerlei Weisheiten von sich gab, äußerte unter anderem, dass gar zu viel lesen nur dazu diene, eingebildete Unwissende zu machen. Da haben wir's: zwänglerisch, eingebildet und unwissend.

***

Lassen Sie mich an dieser Stelle nun einige grundsätzliche Überlegungen zum Thema „Lesen" anstellen. Dazu ist es nötig, ein wenig weiter auszuholen. Ich habe in meiner Jugend noch ein paar ältere Leute gekannt, die kaum lesen oder schreiben konnten. Dennoch waren sie schlau, ungemein lebenstauglich sowie zumeist pfiffige Kopfrechner und gewiefte Taktiker im besten Sinne. Ausgeprägte Menschenkenntnis war ihnen überdies oft zueigen. Die Lesefertigkeit ist demnach kein ausgewiesenes Intelligenzkriterium, vielmehr Übungssache. Natürlich räume ich gerne ein, dass es heutzutage in unseren Breiten fast undenkbar ist, nicht lesen zu können. Wer würde das bestreiten? Es bedarf sowohl einer ausgefeilten Lesetechnik als auch der nötigen Trennschärfe in der Auswahl des Lesenswerten. Also spreche ich logischerweise der Alphabetisierung das Wort. Ich bin ja kein Gestriger oder Rückwärtsgewandter. Ich frage Sie jedoch, warum man damit immer früher anfangen muss, nur weil es von irgendwelchen Panikmachern jetzt impertinent eindringlich gefordert wird. Alles hat seine Zeit.

**

In der Grundschule – so klagt mir eine Volksschullehrerin wiederholt – verkomme die Alphabetisierung beinahe zu einem Wettstreit. Wer peitscht die Buchstabenreihe schneller durch? Sie müsse stets auf den Fortschritt in der Parallelklasse achten, damit ihre Klasse im Kampf um die Beherrschung neuer Buchstaben unbedingt mithalte. Viele Eltern – meistens die Mütter – verfolgten die Situation mit Argusaugen. Sofern eine Klasse um einige Buchstaben nachhinke, werde gleich Alarm geschlagen. Mich schaudert bei diesen Schilderungen der gehetzten oder gestressten Lehrerin. Man mag es kaum glauben. „Beherrschung" ist unter solchen skurrilen Voraussetzungen übrigens beileibe das falsche Wort. „Oberflächlich kennen lernen" geht vielleicht an. Zum intensiven Üben und Festigen bleibe kaum Zeit, so höre ich mit wachsendem Erstaunen und Unverständnis. Was läuft da schief? Da wird offenbar einiges verbockt.

**

Das war zu meiner Schulzeit noch grundlegend anders. Da ging alles ein wenig bedächtiger vonstatten und auf die notwendige Vertiefung wurde mehr Wert gelegt. Für die Sicherung des Unterrichtsertrages – wie besagte Grundschullehrerin das vermutlich fachgerecht bezeichnete – stand ausreichend Zeit zur Verfügung. Nebenbei bemerkt: Seinerzeit erhielten die Schüler und Schülerinnen mit einem Vorzug im Jahreszeugnis – jetzt heißt es wohl ausgezeichneter Erfolg – als Belohnung ein Buch. Ausgerechnet ein Buch. In diese Verlegenheit bin ich gottlob nie gekommen. Die Klassenbesten schienen sich über dieses einfallslose Geschenk auch noch zu freuen. Bei dem einen oder der anderen merkte man allerdings, dass die Begeisterung nur gespielt war.

**

Heutzutage wird in unsere Grundschulen zwar alles Mögliche hineingetragen, wohl auch Überflüssiges, aber dafür wird offenbar nicht mehr viel grundgelegt. Höchstens der sekundäre Analphabetismus, der dieser Tage allerorten so verständnislos beklagt wird. Hoffentlich erwarten Sie nicht, dass ich mich hier zu dieser Problematik weiter auslasse. Mitnichten. Wozu haben wir die Heerschar von Pädagogen, Bildungsexperten, Kognitions- und Lernpsychologen, Hirnforschern sowie ihre weiblichen Pendants? Die sollen sich darüber gefälligst Gedanken machen. Ich möchte mich da auch gar nicht wichtigmachen und einmischen. Mit Verlaub war mir der Hinweis darauf aufgrund der beschämenden Sachlage – wie ich den Schilderungen der besagten Lehrperson entnehme – aber einfach ein Anliegen. Nachdenkpause!

**

Eine Bemerkung dazu kann ich mir doch nicht verkneifen. Während einerseits die gegenwärtig in unseren Grundschulen häufig praktizierte Alphabetisierung im Eilzugsverfahren, gleichsam im Schnellsiedekurs, keinesfalls für alle Kinder hinreichend ist, erweisen sich andererseits einige neue, als hipp propagierte Herangehensweisen an das Schreiben- und Lesenlernen offensichtlich als ebenso wenig zielführend. Juckt das eigentlich noch jemanden? Wissen Sie zufällig, wer solche trendigen Unterrichtskonzepte ausheckt? Sind es – diesmal ungegendert, sorry – Pädagogiker, Psychagogiker, Methodiker, Didaktiker, Innovatiker (Erneuerungs- sowie Modernisierungsfanatiker), Reformatiker (passionierte Reformer nebst Reformsüchtigen) oder wer sonst? Was wird wohl damit bezweckt?

*

Einem Schweizer Wunderwuzzi namens Jürgen Reichen kam dereinst die viel versprechende Idee, wie man den Taferlklasslern das Schreibenlernen wesentlich erleichtern könne. Die nach ihrem Erfinder „Reichen-Methode“ genannte Strategie, die als besonders kinderfreundlich, lernförderlich, kreativ und herrlich progressiv angesehen wurde, machte Furore. Wie mir Kenner der Materie erzählten, basiere sie auf dem Ansatz, dass Kinder durch das Schreiben automatisch lesen lernten. Nach dieser Methode, die in die Pädagogik unter dem Etikett „Schreiben nach Gehör“ – beschönigend auch „Lesen durch Schreiben“ genannt – Eingang fand, schreiben SchülerInnen in der 1. und 2. Klasse zunächst nach Gehör so, wie sie meinen, dass es richtig sei. Lehrende seien angehalten, keinerlei Korrekturen vorzunehmen, da das den Sprösslingen nur Frust beschere und die Lust verleide. Klingt doch wunderbar einfach, nicht wahr? Da ist unsereins wohl zu früh geboren, um in den Genuss solch regellosen, ungezwungenen Schreibens zu kommen.

*

Aber – so informierte mich meine Ihnen bereits allen bekannte Faktenvermittlerin aus der Volksschule – sie habe mit dieser Methode nie eine rechte Freude gehabt, da sich dann für die Kinder in der dritten Klasse umso größere Probleme beim Erlernen der richtigen Schreibweise ergäben. Falsch eingelernte Orthografie zu korrigieren sei ungleich schwieriger als gleich richtig zu schreiben. Sie plädiere folglich von Anfang an für ein regelgemäßes Schreiben, auch wenn dies mehr Anstrengung erfordere. Diese kurzsichtige Methode suggeriere den Schülerinnen und Schülern überdies, dass Wörter genauso geschrieben würden, wie sie klängen. Dem ist keineswegs immer so, wie wir alle wüssten. Sie wundere sich einerseits, dass sich so viele Schulleitungen und Lehrkräfte dieses Konzept ohne großen Widerstand aufpfropfen ließen, und andererseits, dass nun niemand auf den Gedanken käme, in der vor 10 bis 15 Jahren in vielen Grundschulen eingeführten Methode des „Schreibens, wie man spricht" eine Ursache der inzwischen beklagten Rechtschreib- und Lesemisere zu vermuten? Zu ihrer persönlichen Genugtuung – so ergänzte sie – werde in letzter Zeit vielerorts massive Kritik an der Reichen-Methode geübt. Zunehmend werde diese überhaupt verboten.

*

Daher – so höre ich sie wenig überrascht erzählen – besinne man sich nunmehr langsam wieder hier und dort auf die herkömmliche, alt bewährte analytisch-synthetische Methodik, die auch als Fibel-Methode bekannt sei. Dabei werde den Kindern das Lesen sowie die Rechtschreibung systematisch und durch Übung beigebracht. Na, sieh einer an. Ach, wie unmodern. Das klingt ja nach Arbeit, gar nach Anstrengung und Mühe. Muss denn das wirklich sein?

Unsereins hat ja seinerzeit ganz selbstverständlich auf diese Weise schreiben und lesen gelernt. Wie ich mich erinnere, mussten wir ziemlich viel üben, um die wahrlich nicht leichte, mit zahlreichen Tücken behaftete deutsche Rechtschreibung gut zu erlernen. Warum müssen Sprachen auch so kompliziert sein? Aber schließlich gab es findige Lehrpersonen, die uns auf die eine oder andere Weise um den Finger wickelten, um es einmal volkstümlich auszudrücken. Um uns anzuspornen, gab es unter anderem „Leseleitern“, die wir möglichst rasch erklimmen sollten. Daheim wurde mit Überzeugungskraft oder mit sanftem bis massiven Druck zum Üben angespornt.

„Ach, so eine rückwärtsgewandte, tiefschwarze Pädagogik!“, tönen heute viele Reformfreudige, die mit neuen Besen eifrig alles Alte wegfegen. Schließlich braucht es moderne, lustbetonte Methoden. Soll sein, von mir aus. Besser Lust als Frust. Viele Wege führen nach Rom. Gegenwärtig haben offensichtlich die Gestalter einer kunterbunten Pädagogik das Zepter in der Hand.

*

Ich werde mich hier als Außenstehender jedenfalls zu keiner Beurteilung der unterschiedlichen Argumente respektive Sachverhalte hinreißen lassen. Nichts liegt mir ferner, als den diversen Ursachen für die Lese- und Rechtschreibschwächen einer steigenden Zahl von Heranwachsenden nachzuspüren. Einige klingen in unseren Überlegungen ohnehin an. Obwohl das zwar nicht unser Bier ist, hier dennoch ein Vorschlag zur Güte: Wie wär's mit einer Mixtur aus Spiel, Spaß, Anstrengung und Üben? Da kommt womöglich verdiente Freude auf.

Ein populärer Spruch, der sowohl in der Schule als auch im Leben häufig zu gelten scheint, besagt: Alles, was Spaß macht, ist entweder verboten, regelwidrig oder unmoralisch, mitunter auch noch ungesund.

**

Der schillernde Fritz – Friedrich Schiller, um genau zu sein – hat sich im literarischen Überschwang sogar einmal zu der Behauptung verstiegen, dass der Mensch nur da ganz Mensch sei, wo er spiele. Aha. Na gut, er wird sich schon etwas dabei gedacht haben. Wir wollen ja nicht gescheiteln und darüber philosophieren. Hat man dem „Homo“ neben manch anderen Attributen doch auch das „ludens“ beigestellt: der „Homo ludens“, der spielende Mensch also. Das alles ist wohl Wind in die Segel derjenigen, die gerne im Meer der Spaß- und Verhätschelungspädagogik umherkreuzen – unter dem Vier-*l*-Banner „*l*ocker-*l*ustig-*l*ässig-*l*eicht“. Ich persönlich finde das Lernen im Schlaf noch bequemer.

**

Andererseits kommt man aus dem Staunen nicht heraus, was da heutzutage in unseren Schulen für ein Firlefanz aufgeführt wird. Ich muss zugeben, dass ich meinen Augen kaum traute, als mir besagte Grundschulpädagogin einmal beflissen ein Blatt vorlegte, auf dem unterschiedliche Initiativen, Methoden und Konzepte zur Leseförderung aufgelistet standen: Schul- und Klassenbüchereien, Jugendbuchwochen, Autorenlesungen, Buchvorstellungen, Buchpreise, Leseolympiaden, Vorlesestunden, Vorlesewettbewerbe, Leseclubs, Leseecken, Lesekisten, Lesenächte, Lesetagebücher. Da rollt eine massive Lesewelle über unsere Jugend hinweg. Wie ich höre sei manches keineswegs ganz neu, sondern werde schon seit längerem in vielen Schulen praktiziert. Offensichtlich aber nicht sehr erfolgreich, wie mich dünkt. Wie wäre sonst das ganze Gejammer ob der mangelnden Lesekompetenzen von immer mehr Kindern und Jugendlichen zu deuten? Was werden die hoch gelobten Fachleute noch aus dem Hut zaubern, bevor sie den wahren Ursachen auf den Grund gehen? Mich fragt ja keiner. Aber wenn mich jemand fragte, dann würde ich …. Ach, lassen wir das lieber.

***

Szenenwechsel: Neulich habe ich drei mir nicht ganz unbekannte Personen bei einem Gespräch belauscht. Nein völlig falsch! Ich wurde vielmehr rein zufällig Zeuge Ihrer Konversation. So musste ich hören, wie sich die Frau Studienrat X (Lehrerin an einem Gymnasium – pardon – Professorin natürlich) beim Herrn Hofrat Y (Direktor des Gymnasiums) sowie bei Herrn Regierungsrat Z (seines Zeichens Schulinspektor) verzweifelt darüber beklagt, dass den Kindern und Jugendlichen heutzutage die lesenden Vorbilder völlig abhanden gekommen seien – sowohl in den Elternhäusern als auch sonst wo. Beinahe hätte ich mich eingemischt, um den werten Räten einen Rat zu geben. Mir trat nämlich fast augenblicklich eine Art Vision vor Augen. Vater und Mutter sitzen vertieft in ihre Lektüre – es waren wohl Bücher, wenn ich mich recht entsinne – im Wohnzimmer, während ihr Sprössling, immer unruhiger werdend, unbedingt einen spannenden Film im TV anschauen möchte. Nichts da. Lesekultur gehe vor

Trash-Unkultur, so unterrichten ihn wohlmeinend seine Eltern. Wird er nun überzeugt durch das Beispiel seiner Altvorderen auch zu einem Buch greifen? …. Na, sehen Sie. So viel zu den lesenden Vorbildern. Durch den erzwungenen Fernsehentzug wird er wohl eher eine Abneigung oder gar einen Hass auf das Lesen entwickeln. Lesefreaks werden vielleicht einwenden, dass sei willkürlich konstruiert und weit hergeholt. Denen sei erwidert, dass ich hiermit ja nur ein mögliches Szenario zum Nachdenken beisteuern wollte. Schwamm drüber.

***

Mein Hauptthema ist: Lesen können und lesen müssen sind zwei Paar Schuhe. Ich kann lesen. Aber muss ich deswegen Zeitungen, dicke Magazine oder Bücher lesen? Wohl nicht, oder? Hier sind wir somit beim Kern meiner Kritik. Ich bitte um Ihre Nachsicht, wenn ich wieder ein wenig weiter aushole. Haben Sie schon einmal selbstkritisch überprüft, wie lange ihnen der Inhalt eines konzentriert gelesenen Buches abrufbar in Erinnerung bleibt? Denn genau darum geht es letztlich. Das ist der entscheidende Punkt. Langweilige Schmöker haben bekanntlich ohnehin ein überaus kurzes Verfallsdatum im Gehirn, selbst wenn sich die ganz Hartgesottenen bis zur letzten Seite durchquälen und sich darauf auch noch was einbilden. Vergebliche Liebesmüh zu Büchern würde ich behaupten. Meine Lieblingsseite in einem Buch – und durch einige blieb mir nicht erspart, mich durchzuackern – ist übrigens die letzte. Da halte ich es mit dem bekannten englischen Schriftsteller Charles Dickens, der einmal schelmisch anmerkte, dass es Bücher gebe, deren Umschlagdeckel mit Abstand ihre besten Teile seien. Mit Sicherheit meinte er damit nicht seine eigenen, die sich schon zu seinen Lebzeiten gut verkauften.

***

Selbst Studierende geben locker zu, dass von der Unmenge an Gelesenem nur ganz wenig im Langzeitgedächtnis – wieder so eine Offenbarung der Wissenschaft – hängen bleibt. Wozu also der ganze Aufwand? Um Prüfungen zu bestehen sowie Abschlüsse zu erlangen, werden Sie flott und schlüssig argumentieren. Okay, einverstanden. Aber Sie werden zugeben: Lernen durch Lesen ist offensichtlich wenig effizient; oder müsste es effektiv heißen? Sollte man die dafür aufgewendete – ja vergeudete – Zeit nicht sinnvoller, zweckmäßiger nutzen? Mehr lernen in und an der Praxis beispielsweise. Selbst einige passionierte Leser und Leserinnen geben unumwunden zu, dass sie sich nach einiger Zeit oft nicht einmal mehr an den Titel oder den Autor, die Autorin eines Buches erinnern. Also von Nachhaltigkeit keine Spur. Warum – so frage ich wiederholt – opfern die Leute dann mehr oder weniger viel Zeit dafür?

***

Ja, wenn jemand das Lesen als Steckenpferd reitet, dann soll es so sein. Jedem sein Hobby, jeder ihre Freizeitbeschäftigung. Da mische ich mich natürlich nicht ein. Diesfalls braucht es keine weiteren Argumente. Aber – und schon wieder drängt sich das Aber auf –, aber welches Kind, welcher Jugendliche frönt schon dem Hobby „Lesen“? Ja, ja, ich weiß wohl, dass es auch einige lesebegeisterte Burschen und Mädchen gibt; Leseratten, wie sie landläufig etwas makaber genannt werden. Aber sind sie nicht die ziemlich seltene Ausnahme? Es sei Ihnen gegönnt. Aber deswegen auch die vielen anderen damit ständig zu quälen, ist schändlich. Dagegen verwehre ich mich. Verzeihen Sie übrigens die Anhäufung der „Aber“, ich bin ja kein Stilist.

***

Das führt mich nun zufällig hin zu einer völlig anderen Überlegung, die mit einem wirklichen Stilisten – wie ihn unser Deutschlehrer respektvoll nannte – verknüpft ist. Mit Worten lässt sich trefflich streiten, mit Worten lassen Kriege sich bereiten. – So oder so ähnlich hat der nicht ganz unbekannte Johann Wolfgang von … (der aus Weimar) vor sich hin geverselt. Übrigens auch so einer, der haufenweise geschrieben hat in der Einbildung, dass das alle – naja also möglichst viele wenigstens – lesen sollen. Und seit seinem Ableben wird den Jugendlichen wie den Erwachsenen eingetrichtert, dass es zur Allgemeinbildung gehöre, diesen angeblich größten deutschen Dichter zu lesen. Ich lass mich doch nicht indok…. indok…. indoktrinieren. Also ich lass mir nichts eindocktern, wie man in deutscher Zunge spricht. Nicht ohne Stolz ist es mir auch in der Schule gelungen, so manchen Leseauftrag elegant zu umschiffen. Literatur war für viele von uns eher ätzend. Das bekenne ich hiermit ohne schlechtes Gewissen ein. Derselbige Johann Wolfgang von Goethe hat übrigens laut einem erfahrenen Germanisten aus meinem weiteren Bekanntenkreis am Ende seiner Tage freimütig eingestanden, dass er zwar zeitlebens allerlei studiert habe, aber nun dastehe als alter Thor und so schlau sei als wie zuvor. Was lernen wir daraus? Naja, Sie werden sich schon selbst Ihren Reim darauf machen.

***

Apropos indoktrinieren. Warum neigen viele Leute – zugegeben auch ich mitunter – dazu, Fremdwörter aus Sprachen zu verwenden, die wir weder sprechen noch verstehen? Ihr Gebrauch ist inzwischen regelrecht zu einer Sucht geworden. Bitte nicht, dass Sie mich falsch verstehen. Nichts gegen schicke Anglizismen. Ich bin doch nicht unmodern. Sie haben den Vorteil, dass man so einiges in sie hineininterpretieren oder aus ihnen herauslesen kann, was einem in den Kram passt. Nur Banausen können nichts damit anfangen. Klingt etwa „Leadership" oder „Management" nicht bei weitem kompetenter, überzeugender und inspirierender als „Leitung" oder „Führung"? Seien Sie ehrlich. Bei Leitung denkt der eine oder die andere doch unwillkürlich an eine Wasserleitung, bei Führung womöglich gar an Verführung. Ich habe dieses Beispiel deshalb hergenommen, weil diese Wörter derzeit beinahe allgegenwärtig sind. Bitte um Ihr Verständnis, wenn es mir beim Argumentieren oder auch sonst oft an der zeitgeistig erwünschten und eingeforderten Kompetenz mangelt, was immer die Leute damit auch meinen mögen. Ich weiß eigentlich nicht, was ich mir darunter konkret vorstellen soll. Das gebe ich ungeschminkt zu.

**

Mit den zwanghaften Wortschöpfungen hingegen habe ich nichts am Hut, egal ob sie aus deutschen, englischen oder anderssprachigen Wortteilen zusammengeschmiedet sind. Eine zeitgeistige Marotte. Wer kreiert wohl solche obskuren Zwitterwörter, die neuerdings geradezu aus dem Kraut schießen? So jemanden möchte ich einmal kennen lernen, um ihm oder ihr gehörig meine Meinung zu sagen. Was soll das? Wozu braucht man solche künstlichen Bezeichnungen wie „Infotainment", „Edutainment"? *Begriffe* wäre hier vermutlich der falsche Ausdruck, weil deren Sinngehalt von unsereinem als Normalverbraucher ohne nachzufragen häufig nicht wirklich *begriffen* wird. Trotzdem führen viele Leute – dem Zeitgeist nachhechelnd – solche Wörter auf den Lippen. Dass diese unter anderem neue gesellschaftliche Trends aufzeigten, wie deren Verteidiger argumentieren, reicht mir als Begründung nicht hin. Fehlte nur noch das Kofferwort „Read(or)tainment", welches meines Wissens bislang noch niemand zusammengestoppelt hat. Für mich überhaupt kein Wunder. Soll Lesen etwa Spaß machen?

**

Was halten Sie von diversen Kürzelwörtern? In der Fachsprache heißen solche wohl Akronyme. Nehmen wir hier exemplarisch die Bezeichnung

„SKIPPIES“. Was meinen Sie, verbirgt sich wohl dahinter? Ach, dieses Initialwort, bestehend aus einigen zusammengerückten Anfangsbuchstaben, ist Ihnen ohnehin geläufig. Umso besser. Für jene, die sich im Augenblick nicht an die Bedeutung erinnern, sei sie hier angeführt: „School Kids with Income and Purchase Power“. Wow! Das ist ja allerhand. Ins Deutsche übertragen, heißt dieser haarsträubende Unsinn etwa „Schulkinder mit Einkommen und Kaufkraft“. Natürlich sind keineswegs alle Akronyme derart aufgeplustert. „WC“ etwa als Abkürzung für „Water closet“ ist durchaus vernünftig. Auch Abkürzungen für Schulfächer wie etwa „BU“ für „Biologie und Umweltkunde“ machen Sinn, zumal im Stundenplan. „WWW“ für „World Wide Web“, also für das Internet als weltweites Netz, mag ebenfalls noch angehen. Allerdings hat alles seine Grenzen des Erträglichen.

**

Grundsätzlich muss man dem Englischen zugutehalten, dass es oft logischere und einleuchtendere Bezeichnungen für Dinge oder Sachverhalte findet als etwa die deutsche Sprache. Erlauben sie mir dazu ein simples Beispiel. „Newspaper“ etwa besagt klar, was es ist: ein Neuigkeitenpapier, ein Papier mit Neuigkeiten drauf. Schlicht und einfach. Das macht Sinn. Aber „Zeitung" – Zeit und ung. Was soll das hergeben? Sagt eigentlich gar nichts aus, oder? Ein Nullwort also, eine leere Worthülse. Aber ich möchte mich dazu nicht verbreitern.

***

Andererseits habe ich zufällig gesehen, dass es da auch eine Wochenzeitung gibt, die „Die Zeit" heißt. Ja, warum nicht? Dass es sich dabei um keine Tageszeitung handeln kann, habe ich scharfsinnig aus der Dicke und Größe des Blattes geschlossen. Oder sollte ich treffender sagen aus dem schieren Umfang sowie dem Format? Ein Patzen an bedrucktem Papier. Dieses Printmedium – um mich auch ein bisschen gewählter auszudrücken – ganz zu lesen, ist ja schon für einen Rentner oder eine Pensionistin beinahe ein Fulltimejob. (Meine Damen, Sie haben hoffentlich die Gender-Gemäßheit der Formulierung wohlwollend zur Kenntnis genommen). Ein großer Tisch zum Ausbreiten des Blattes ist übrigens ebenfalls vonnöten. Solche Magazine und Konvolute sind nichts für mich. Da lob ich mir die Schmalspurformate mit großen, fetten Schlagzeilen, vielen beeindruckenden Bildern und mit wenig Text. Die sind überschaubar. Da kriegt man die wichtigsten Infos und News fast auf einen Blick. Wenn schon lesen, dann so was. Das ist zeitsparend und Nerven schonend. Außerdem sind diese Blätter handlich und kostengünstig. Manche – wie ich bereits eingangs erwähnt habe – sind überhaupt gratis, um nicht zu sagen umsonst.

***

Neuerdings boomen aufgeblasene Wortschöpfungen jeglicher Art. Manche sind äußerst kreativ und geben Anlass zum Schmunzeln. Andere sind schlicht überflüssige Wortungetüme. So oder so sickern solche Neu- und Kunstwörter in die Sprache ein, um sich dort einzunisten. Sie irrlichtern durch die Medienlandschaft, infiltrieren die Alltagssprache ebenso wie die Schriftsprache und finden mitunter auch Eingang in Bücher. Während manche wie Sternschnuppen rasch wieder verblassen, halten sich andere allerdings hartnäckig. Einige gelangen sogar zu trauriger Berühmtheit, indem sie zu Unwörtern des Jahres gekürt werden. Ein paar Beispiele für Unwörter der jüngeren Vergangenheit gefällig? Da wären etwa: Rentnerschwemme, Wohlstandsmüll, sozialverträgliches Frühableben, Gotteskrieger, Ich-AG, Humankapital, Entlassungsproduktivität, Sozialtourismus, Hacklerregelung, Döner-Morde, Lebensmensch, Gutmensch, betriebsratverseucht, Schweigekanzler, Penthouse-Sozialismus, Töchtersöhne, Öxit, fremdschämen. Zu den aktuellsten Stilblüten zählen für mich etwa „Kompetenzbasierte Output-Steuerung“ – Putputput! Da lachen ja die Hühner – und „Kompetenzorientiertes Qualitätsmanagement“. Das schlägt dem Fass den Boden aus. Wählen Sie sich selbst ihr Unwort der Unwörter aus. Ein gewiefter Bursche – den Namen habe ich leider nicht präsent – ist dem auf ironische Weise entgegengetreten und hat dem undurchsichtigen Kompetenzdschungel mit der nicht nur in der Politik oft anzutreffenden „Inkompetenzkompensationskompetenz“ eine Schneise geschlagen. Das nenne ich geistreich. Welchen Schluss ziehen wir aus all dem? Wie man bei einem Kopfsalat die schlechteren Blätter auszupft, so wären solche Unwörter auch aus dem Wortsalat zu entsorgen.

***

Der Ludwig – jener von Wittgenstein nämlich – hat seinerzeit etwas zweifellos Wahres gelassen ausgesprochen: Worüber man nicht sprechen kann, darüber muss man schweigen. Schweigen hat er gesagt, nicht schreiben! Damit da ja keine Missverständnisse entstehen. Ob das der ganz präzise Wortlaut ist, möchte ich nicht beschwören. Auf gut Wienerisch würde es wohl etwa heißen: Wanns nix waßt, sei stad! Während der Dialekt, die Mundart, diesen Sachverhalt launig-kernig auf den Punkt bringt, klingt die Sprache des Philosophen viel elaborierter, wie das so geschwollen heißt. Wir wollen uns hier nicht darüber streiten, ob der Sinngehalt der beiden Aussagen exakt derselbe ist. Das würde zu weit führen. Jedenfalls aber habe ich diese weise Erkenntnis bei Prüfungen gelegentlich ins Treffen geführt, wenn ich hinsichtlich des abgefragten Wissens völlig blank dastand. Dem Philosophen sei Dank.

*

Derselbige Ludwig soll auch in aller Bescheidenheit eingeräumt haben – wie mir mein belesener Verwandter väterlicherseits nicht ohne Pathos schilderte –, dass die Grenzen seiner Sprache auch die Grenzen seiner Welt seien. Das hat was für sich. Wer würde in unserer Einbildungsgesellschaft wohl auf einen derartigen Gedanken verfallen, geschweige denn so etwas eingestehen. Manche scheinen vielmehr zu glauben, wenn sie viel plappern, gehört ihnen die Welt. Die Grenzen meiner Kaufkraft, sind die Grenzen meiner Welt. Oder: Die Grenzen meiner Kreditwürdigkeit, sind die Grenzen meiner Welt. So tönt es aus den Kehlen von Herrn Kapitalissimus und Frau Neoliberalissima. Dieser kleine Exkurs war in meinen Augen einfach notwendig.

***

Unlängst hat mir ein befreundeter Lehrer erzählt, es gebe neuerdings internationale Vergleichsstudien, die unter anderem die Lesekompetenz von Volksschulkindern am Ende der Grundschulzeit überprüften. Ich habe mir sogar die Abkürzung gemerkt: PIRLS. Perlen war dazu meine Eselsbrücke. So etwas wie der Fortschritt im Lesen werde da gemessen. Österreichs Viertklässler – Knaben wie Mädchen – hätten dabei angeblich sehr schlecht abgeschnitten, obwohl sie von ihrer jeweiligen Leistung durchaus überzeugt waren. Diese ausgeprägte Neigung zu einer falschen Selbsteinschätzung sei übrigens ein Österreichspezifikum, was ihn nachdenklich stimme. An dieser Stelle schüttelte ich ungläubig den Kopf und dachte: Das Selbstbewusstsein ist immerhin vorhanden. Irgendwie vernahm ich noch, was die PISA-Studie im Jahr 2001 aufgezeigt habe; nämlich, dass mehr als die Hälfte der befragten Schülerschaft zugab, keine große Freude am Lesen zu haben. Noo-na. Wohl nicht die große Überraschung, oder?

Zwischenbemerkung: Aus Neugierde habe ich einmal nachgegoogelt, was es mit der hochgeputschten PISA-Hysterie eigentlich auf sich habe. Warum das Rechtschreibprogramm auf meinem Computer hier immer „Piss-Studie“ vorschlug, ist mir übrigens ein Rätsel. Ende der Zwischenbemerkung. Ich frage Sie: Kann man solchen Untersuchungen wirklich Glauben schenken? Es heißt doch: Traue keiner Statistik, die du nicht selbst gefälscht hast. Wozu also das ganze Gezeter extrem ernst nehmen?

**

Außerdem gebe es überhaupt ein ausgewachsenes Defizit vieler Landsleute im Beherrschen der grundlegenden Kulturtechniken. Noch so eine zweifelhafte Studie, die vom Wirtschaftclub OECD durchgeführt werde, habe das aufgezeigt. Den Namen habe ich mir nicht gemerkt. Wozu auch? Mir ist das doch schnurz egal. Jedenfalls handle es sich dabei – wie mich der Lehrer aufklärte – um so etwas wie „PISA für Erwachsene“, wenn Sie damit was anfangen. Logisch, dass einem zunächst die schöne italienische Stadt mit dem schiefen Turm in den Sinn kommt, nicht irgendeine abseitige Untersuchung im Bildungswesen. Vertraut man dieser Vergleichsstudie, so ergebe sich ein bedenklicher Befund: Beinahe eine Million der 16- bis 65-jährigen Österreicher und Österreicherinnen könnten demnach nur schlecht oder kaum lesen. Na hallo! Also wirklich. Nicht einmal 10 Prozent erreichten die höchste Kompetenzstufe beim Lesen komplexer Texte. Erschreckende 15 Prozent könnten hingegen überhaupt nicht sinnerfassend lesen. Zudem zeigten die Rechtschreibkenntnisse seit Jahren ebenfalls einen eklatanten Abwärtstrend, wie der Pädagoge monierte. Die Worte hör ich wohl, allein mir fehlt der Glaube.

**

Die ganze Testeritis – für mich inzwischen eine lästige Erkrankung etwa wie eine Bronchitis – dient wohl nur all jenen, die mit dem ganzen Zirkus lukrative Geschäfte machen und sich womöglich eine goldene Nase verdienen. Kinder wie Jugendliche als die Leidtragenden dieser ausufernden Erscheinung sind den diversen – um nicht zu sagen den perversen – Testbatterien schutzlos ausgeliefert. Kaum jemand findet den Mut, gegen solchen Ungeist offen zu Felde zu ziehen. Testungen seien wichtig, Tests unbedingt notwendig, internationale Vergleichsstudien ein absolutes Muss. Solche Parolen werden neuerdings von den Profiteuren und ihren dienstbaren politischen Nachbetern fortlaufend getrommelt, um es allen in die Gehirne einzuhämmern. Durchaus eine Art Drill würde ich behaupten.

**

Beschränken wir uns, dem Thema gemäß, ruhig auf Lesetestungen. Wieder berufe ich mich hier ausdrücklich auf verlässliche Informantinnen, von denen ich annehme, dass sie nicht flunkern. Neben den bereits erwähnten gebe es demnach noch zahlreiche andere Lesetests. Mit dem „Wiener Lesetest“, dem die Kinder in der dritten oder vierten Klasse Volksschule unterzogen werden, hätte man außerhalb Wiens – wie zu erfahren war – nicht sehr viel am Hut. Hingegen werde das „Salzburger Lesescreening“ (kurz SLS) fallweise als durchaus hilfreich bezeichnet. Dieser Screeningtest – gleichsam ein Verfahren zur Reihenuntersuchung – sei seit dem Schuljahr 2002/03 in der dritten Schulstufe sowie seit 2004/05 auch in der fünften Schulstufe verpflichtend anzuwenden. Daher wurden diese Tests allen österreichischen Grund- und Sekundarschulen vom Bildungsministerium sogar kostenlos zur Verfügung gestellt. Allerhand, was? Angeblich ermögliche das SLS den Lehrkräften, eigenständig die grundlegende Lesefertigkeit aller Schüler wie Schülerinnen zuverlässig zu überprüfen. Das sei – man höre und staune – ohne großen Aufwand in weniger als 15 Minuten machbar. Hier liegt also die Würze in der Kürze, oder wie?

Als meine werte Gesprächspartnerin dann in ihrem Überschwang noch auf einen „Hamburger Lesetest“ zu sprechen kam, erfasste mich ein

Schwindelgefühl und ich bereitete in Gedanken bereits eiligst meinen Rückzug vor, als ich bei dem Wort „IGLU“ noch einmal aufmerkte, weil jeder Blitzkneiser dabei wohl sofort an die Behausungen der Eskimos denkt. Weit gefehlt. Wie ich erstaunt erfuhr, handele es sich bei diesem Initialwort um die „Internationale Grundschul-Lese-Untersuchung“. Sie diene zur Überprüfung des Leseverständnisses von Schülern wie Schülerinnen in der vierten Jahrgangsstufe; natürlich im internationalen Vergleich, wie Sie wahrscheinlich richtig vermuten. Dass es sich bei „IGLU“ und „PIRLS“ um ein und dieselbe Studie handelt, wäre mir im anschwelenden Ärger fast entgangen. Ob dazu die Eskimos auch aus ihren Iglus kommen, um brav an „IGLU“ teilzunehmen, entzieht sich meinem eingeschränkten Kenntnisstand. Da ich den Kragen von der kontraproduktiven Testeuphorie inzwischen gestrichen voll habe, ist diese traurige Episode nunmehr abgehakt.

**

Eine Einschränkung lasse ich für die ständig arbeitende Testmühle im Bildungswesen allerdings gelten, weil ich von der zweifellos engagierten Grundschullehrerin – jener Alpabetisierungsgestressten nämlich, die auch eine Legasthenieausbildung gemacht hat – dahingehend belehrt wurde.

In Fällen von Testungen, um eine treffsichere Diagnose – etwa für Dsylexie oder Legasthenie oder andere Störungen – zu erstellen, haben sie seither auch in meinen Augen eine gewisse Berechtigung. Aber selbst dabei werde mitunter übers Ziel geschossen, wie kritische Schulleute gelegentlich äußern. Da landen wir unversehens mitten in einem weiteren Teilaspekt unserer Betrachtungen, nämlich den Lesestörungen, die wir keinesfalls ganz ausblenden wollen. Wie Sie sich denken können, habe ich hierzu ebenfalls Erkundigungen eingezogen. Für jene Mitdenkenden, die diesbezüglich nicht ganz sattelfest sind, seien die Begriffe kurz angeleuchtet.

**

Wie ich von meinen in solchen Dingen sachkundigen Ansprechpersonen geduldig aufgeklärt wurde, bezeichne man mit „Legasthenie" eine Lese- und Rechtschreibstörung sowie mit „Dyslexie" eine reine Lesestörung. Darunter verstehe man eine verminderte Fähigkeit zu lesen respektive das Gelesene zu verstehen, wobei das Hör- und Sehvermögen aber voll funktionsfähig sei. Lesestörungen äußerten sich in einer Beeinträchtigung der Lesefertigkeiten, etwa in der Schwierigkeit zwischen den einzelnen Buchstaben zu unterscheiden oder einfache Laute mit Buchstaben zu verknüpfen. Beim Vorlesen würden ganze Worte oder Wortteile ausgelassen, verdreht oder hinzugefügt. Die Betroffenen lesen langsam, holprig und verlören öfters die Zeile im Text. Zudem gebe es Defizite im Leseverständnis, so dass Gelesenes nicht oder nur sehr schlecht und bruchstückhaft wiedergegeben werden könne. Daraus Schlüsse zu ziehen, gelinge gar nicht. Das ist schon starker Tobak. Wirksame Hilfe tut in solchen Fällen unbestritten Not.

Die Dsylexie trete häufig im Rahmen einer Legasthenie auf. Neuere Studien hätten aufgezeigt, dass bei etwa drei bis acht Prozent einer Schülerpopulation auch isolierte Lesestörungen vorliegen, ohne das gröbere Schwächen in der Rechtschreibung zu beobachten seien. Reine Lesestörungen wären – wie meine Insiderin zu berichten weiß – bei fünf bis 15 Prozent der Gesamtbevölkerung in unterschiedlich starker Ausprägung zu orten. Leider würden solche Störungen in den meisten Fällen erst im Einschulungsalter diagnostiziert. Neben genetischen Faktoren gebe es noch zahlreiche weitere Ursachen, welche Lesestörungen begünstigen. Sie kennen ja inzwischen mein grundsätzliches Misstrauen gegen kolportierte Zahlen, egal woher sie jeweils stammen. Daher der Konjunktiv.

***

Dass es hierzulande gar einen „Grundsatzerlass Leseerziehung“ gibt, habe ich neulich erst erfahren. Im Jahr 2013 soll das Bundesministerium für Bildung eine überarbeitete Fassung veröffentlicht haben, da man sich durch die rasante Entwicklung der digitalen Medien veranlasst sah, das aktuelle Verständnis von Lesen und Leseerziehung neu zu formulieren. Wohl eine Art Beschäftigungstherapie für ministeriell Beamtete. Ein Auszug davon wurde mir übrigens von der beseelten Grundschullehrerin in beflissener Weise vorgelegt, ohne dass ich darum ersucht hatte. Einleitend heißt es darin wortwörtlich: Bildungs- und Erziehungsauftrag der österreichischen Schule ist es, der Leseerziehung in allen Unterrichtsgegenständen in allen Schularten und auf allen Schulstufen in Verbindung mit den anderen Unterrichtsprinzipien besondere Bedeutung zu geben. Und so weiter und so fort. Wie das etwa im Turn- respektive Sportunterricht umgesetzt wird, ist mir schleierhaft. Lesen die Schüler und Schülerinnen während eines Matches die Spielregeln durch? Haben sie beim Zirkeltraining Bücher in Händen? Oder wie funktioniert der ganze Spaß? Schlicht ein ausgewachsener Mumpitz in meinen Augen.

***

Mit der vielseitig versierten Volksschullehrerin habe ich mich auch einmal über Lesetechnik unterhalten. Eine solche ist nämlich Grundvoraussetzung für das Lesen. Allerdings reichen die Kenntnis der Buchstaben sowie das Zusammenlesen (die Synthese) allein keineswegs aus, um einen Text sinnerfassend zu verstehen. Das leuchtet durchaus ein, nicht wahr? Dazu müssen auch im Text transportierte Sachverhalte aufgrund des Zusammenhangs erschlossen und Beziehungen zwischen einzelnen Textpassagen hergestellt werden. Damit ist diese, der Vollständigkeit halber, notwendige Ergänzung auch schon beendet.
Sie fragen sich vielleicht, warum ich Ihnen das alles so im Detail erzähle. Einerseits, weil unsere Thematik Gründlichkeit erfordert und andererseits, weil mich das oberflächliche Gerede von der mangelnden Lesekompetenz inzwischen ganz schön nervt. Wo soll der ganze Lesefuror letztlich hinführen?

***

Leseabstinenz, schlechte Leser und Leserinnen, kein sinnerfassendes Lesen, sekundärer Analphabetismus. Das alles wird zur nationalen Katastrophe hochstilisiert. Die vielen dicken Kinder und Jugendlichen locken hingegen niemanden hinter dem Ofen hervor. Sie sollen auch noch stundenlang sitzen und lesen. Unerhört. Wozu schon den Nachwuchs so quälen? Sie brauchen einfach mehr Bewegung und sportliche Betätigung. Fitness ist angesagt. Sportförderung wäre dringend erforderlich. Und – Hand aufs Herz – ein bisschen mehr Spaß könnten wir uns doch wohl alle gönnen. Was sind wir sonst für eine armselige Freizeit- und Spaßgesellschaft? Wir müssen auch diese Worthülse mit noch mehr Inhalt füllen. Die gegenwärtige Panikmache lehne ich jedenfalls kategorisch ab. Man muss ja nicht jeder Kampagne auf den Leim gehen.

*

Das Unterrichts- oder Bildungsministerium – oder wie immer es gerade heißen mag – hat neuerdings so eine Kampagne zur Leseförderung gestartet. „Lesefit" ist ein Aufmacher oder Slogan unter anderen, der durch unsere Lande geistert. Fit mach mit! Aha fürs Lesen gilt das schon. Körperlich unfitte Kinder und Jugendliche müssen lesefit gemacht werde. So läuft der Hase. Klar, dass dafür wieder Geld locker gemacht wird. Verstehen Sie nun meine Skepsis? Die Dinge gehen einfach nicht zusammen. Es hapert am richtigen Maß. Lesen lernen sollte ohne viel Aufhebens ablaufen wie Sprechen lernen oder Radfahren lernen. Warum so einen Zirkus drum herum aufführen? Meine Argumentation zielt auf die Verhältnismäßigkeit ab. Die Eltern – aber ebenso Alleinerziehende – wären auch diesbezüglich endlich wieder stärker in die Verantwortung zu nehmen. Ich scheue mich keineswegs, das einzufordern. Aber erspart den Heranwachsenden den Zwang zum Bücherlesen. Mehr ist dazu momentan nicht zu sagen.

***

Mit welchen Büchern werden Kinder wohl als erstes konfrontiert? Richtig, mit Märchenbüchern. Dagegen ist auch rein gar nichts einzuwenden. Bilderbücher gibt es schon im Babyalter. Wohl nach dem Motto: Gewöhnung muss sein. Ob deren Sinnhaftigkeit jemals empirisch oder sonst wie untersucht wurde, ist mir nicht bekannt. Zumindest jene, die solche Büchlein produzieren oder verkaufen, finden es zweifelsohne sinnvoll, wenn dadurch der Rubel rollt. Märchen zu hören, regt die Phantasie der Kleinen an. Während diese heutzutage gewöhnlich mit mehr oder weniger Empathie vorgelesen werden, wurden sie früher von darin geübten Eltern wie Großeltern virtuos und spannend, oft variantenreich mit zahlreichen Ausschmückungen, gleichsam aus dem Stegreif erzählt. Dem Einfallsreichtum waren dabei kaum Grenzen gesetzt. Die erzieherische Relevanz von Märchen wurde mitunter voll ausgeschöpft. Ich weiß noch, wie ich das Gehörte lebhaft vor meinen Augen sah und mich ganz fest in meine Bettdecke kuschelte. Da wurde die kindliche „Gedächnisstube“ – wenn Sie wissen, was ich meine – ganz unmittelbar angeregt. Das war „Fernsehen“ auf nachhaltige Art.

*

Wenn heute in manchen Schulen von lesebeseelten Lehrpersonen gelegentlich Lesenächte für ihre Schüler und Schülerinnen organisiert werden, so mag da auch ein Stück weit Reminiszenz an verlorene Zeiten mitschwingen. Jedenfalls bei jener mitteilsamen Lehrerin – der Alphabetisierungsgeplagten nämlich, wie Sie wohl richtig vermutet haben –, ohne die ich vermutlich nichts von Lesenächten wüsste, hatte ich diesen Eindruck. Übrigens: Falls Sie meine wiederholten Einschübe stören, sagen Sie es ruhig. Allerdings kann ich erfahrungsgemäß nur schwerlich von ihnen lassen. Schon wieder hoffe ich auf Ihre Nachsicht.

**

Wissen sie was Lese-Paten oder Lese-Patinnen sind? Von meiner Informantin aus dem Schulgeschehen weiß ich das aus erster Hand. Neuerdings erklären sich vor allem pensionierte Leute – häufig ehemalige Lehrkräfte – dazu bereit, ein- oder mehrmals wöchentlich in die Schulen zu kommen, um mit Kindern und Jugendlichen außerhalb des regulären Unterrichts zu lesen. Ob sich diese wohl freiwillig dazu bereitfinden? Oder muss mit sanftem Druck nachgeholfen werden? Das habe ich nicht erfragt. Denn was bedeuten die zusätzlichen Leseübungen? Sitzen, wieder sitzen und noch einmal ruhig sitzen. Konzentrieren, genauer konzentrieren und noch besser konzentrieren. Bringt das wirklich was? Ich hege da so meine Zweifel.

*

In Deutschland wurde sogar eine „Stiftung Lesen“ ins Leben gerufen. Ihr oberstes Ziel sei es laut Auskunft meiner Insiderin, das Lesen noch stärker in den Tagesablauf der Heranwachsenden zu implementieren, einfließen zu lassen. Es solle allmählich zu einer selbstverständlichen Gewohnheit, gleichsam zur täglichen Routine werden. Durch zahlreiche Projekte sowie diverse Programme werde das unterstützt und gefördert. Unter anderem gebe es einen bundesweiten Vorlesetag pro Jahr. Bravissimo! Gemeinsam statt einsam. Also wirklich Leute, da schlägt’s aber 13. Schlicht lachhaft so ein Einfall. In eigene Leseclubs würden so manche Kinder ebenfalls gesteckt, um deren Lesemotivation zu wecken oder zu erhöhen. Man kann wirklich alles übertreiben. Wo ist das Ende der Fahnenstange? Haltet endlich inne und besinnt euch!

*

Aber auch Österreich kriegt diesbezüglich den Rand nicht voll. Heuer hat vom dritten bis neunten Oktober ein als ganz besonderes „Highlight“ verkauftes Ereignis stattgefunden: „Österreich liest. Treffpunkt Bibliothek“, das größte Literaturfestival. Festival ist in dem Kontext eine verquere Bezeichnung, oder etwa nicht? Jeweils im Oktober sollen in den kommenden Jahren Nachfolgeveranstaltungen stattfinden. Eine Woche also, in der die Bibliotheken sowie das Lesen im Rampenlicht stehen. Der Büchereiverband Österreichs, auf den wir gleich noch zu sprechen kommen, zeichnet als Initiator dieses „Events“ für die Organisation und Koordination verantwortlich. Hauptsponsor ist übrigens das Bundeskanzleramt. Da zeigt sich die öffentliche Hand spendierfreudig wie selten.

***

Was heutzutage nicht alles rund um Bücher aufgeführt wird. Da gibt es unter anderem Büchereien und Bibliotheken, Buchläden, Buchgemeinschaften oder Buchclubs, Buchmessen, Bücherbasare,

Bücherbörsen, Bücherauktionen, Buchpräsentationen, Lesezirkel, Leseabende und und und. Gleichsam wie ein gewaltiges Spinnennetz überziehen diese Buchtentakel das Land. Selbst zahlreiche öffentlich-rechtliche Institutionen sowie Fördervereine sehen sich genötigt oder gar berufen im Bücherreigen mitzutanzen. Auf einige derartige Einrichtungen, die das Buch hierzulande hofieren und fallweise auch zur Grundlage ihrer Existenz haben, sei hier exemplarisch hingewiesen.

*

Das „Österreichische Bibliothekswerk" mit Sitz in Salzburg führt in seinem Logo „Mit Begeisterung für Bücher und Bibliotheken". Bei „Begeisterung" steckt das Wort „Geister" drinnen. Wird wohl seine geisterhafte Bedeutung haben. Zweifellos bibliophile Leute, die sich so was antun. Wie fragte doch dereinst Joachim Ringelnatz ironisch: Ob ich biblio… was bin? Wissen sie, was die Abkürzung „bn" bedeutet? Nein? Keine Sorge, das ist garantiert keine gravierende Bildungslücke. Besagtes Bibliothekswerk gibt vierteljährlich die „bn" – die „bibliotheksnachrichten" – heraus, die Impulse, Informationen und Rezensionen rund ums Buch bieten. Dieser von der Österreichischen Bischofskonferenz getragene Verein wird vom Bundeskanzleramt gefördert. Er sieht seine grundlegende Ausrichtung darin, Impulse für die Bibliotheksarbeit sowie zur Leseförderung zu liefern, Informationen für öffentliche Bibliotheken bereitzustellen und durch Rezensionen die Orientierung bei der Medienauswahl zu erleichtern. Service, Service, immer wieder Service.

*

Die „Bücherschau“ des Österreichischen Gewerkschaftsbundes (ÖGB) mit Sitz in Wien wäre hier noch zu erwähnen. Sie erscheint dreimal im Jahr sowohl als Printausgabe als auch online. Die „Bücherschau“ ist die Rezensionszeitschrift des ÖGB Bücherservice und informiert in erster Linie über Neuerscheinungen auf dem Büchermarkt und über aktuelle literarische Themen. „buecherschau.at“ ist die dazugehörige Webseite mit Medienrezensionen sowie Medienvorstellungen für Büchereien und Bibliotheken. Zudem wird ein Bücherei-Servicescheck zur Verfügung gestellt, der neben Fördermitteln zur Bestandspflege oder dem Bestandsaufbau auch professionelle Unterstützung für die praktische Büchereiarbeit anbietet. Gefördert wir der ganze Zinnober vom ÖGB, der AK (Arbeiterkammer) sowie vom Bundeskanzleramt. Zumindest indirekt scheint das Buch oder besser die Buchwirtschaft zur Chefsache geworden zu sein. Einfach lächerlich so ein überzogenes Theater.

**

Was schätzen Sie, wie viele Bibliotheken mag es allein in Österreich geben? Ich hatte bis vor kurzem keinen blassen Schimmer. Aber inzwischen habe ich mir ein paar einschlägige Informationen eingeholt. Von einer leidenschaftlichen ehrenamtlichen Mitarbeiterin – dazu sollen ja angeblich weit überwiegend Frauen bereit sein – einer Bücherei erfuhr ich, dass es da einen Dachverband der öffentlichen Bibliotheken gebe, den „Büchereiverband Österreichs“. Auf meine Nachfrage, ob denn Büchereien und Bibliotheken nicht dasselbe wären, setzte sie zu einer weitschweifigen Erklärung an, die mich in meiner Aufmerksamkeit bald überforderte. Jedenfalls – so viel bekam ich mit – habe sich das Bibliothekswesen in Österreich anders als in zahlreichen übrigen Ländern entwickelt, nämlich getrennt nach „Öffentlichen Büchereien“ sowie „Wissenschaftlichen Bibliotheken“. Darauf weise der unterschiedliche – und doch oftmals beliebige – Gebrauch der Begriffe „Bücherei“ und „Bibliothek“ hin. Großartig, nicht? Kakanien ist eben anders. Langer Rede, kurzer Sinn: 2014 gab es hierzulande angeblich 1.470 Öffentliche Bibliotheken, worin die Schulbibliotheken noch gar nicht erfasst sind, sowie 76 Wissenschaftliche Bibliotheken und Spezialbibliotheken, was immer darunter zu verstehen ist. Diese Zahlen hatte sie nach einer Blitzrecherche flugs parat. Die Bezeichnung „Bücherei“ scheint sich gegenüber „Bibliothek“ neuerdings kaum mehr behaupten zu können. Was soll’s?

***

Wie wäre jetzt die Kurve zu kriegen, die mich elegant in meinem Gedankengang weiterführt. Darüber nachsinnend fällt mir ein, dass eine ganz wichtige Frage nach wie vor im Raum steht. „Im Raum steht“ – eigentlich eine seltsame Redensart, nicht wahr? Daher frage ich Sie nun gerade heraus: Was finden Sie eigentlich an Büchern? Aus welcher Motivation heraus würden Sie Bücher kaufen? Was bewegt Sie, Bücher zu lesen? Darauf bin ich immens gespannt.

Nein, nicht wirklich. Habe ich Sie da richtig verstanden? Sie lesen Bücher, weil Sie sich in gesellschaftlichen – gar intellektuellen – Kreisen aufhalten, wo das Usus ist und einfach zum guten Ton gehört? Donnerwetter! Was soll man dazu sagen? Brauchen Sie so was für Ihr Ego? Können Sie sich anders in dieser Schickeria nicht behaupten? Meinen Sie im Ernst, dass da alle tatsächlich viel lesen? Gibt es nicht genügend Heuchler, Blender und Hochstapler, die nur so tun als ob? Bücher sind doch längst kein Statussymbol mehr, sofern sie das überhaupt jemals waren. Aber das ist schließlich Ihre ganz persönliche Sache. Geht mich ja im Grunde nichts an. Kann mir doch schnuppe sein. Wundern darf man sich noch ungestraft, oder?

***

Mir jedenfalls fallen für einen Bücherkauf kaum gute Gründe ein. Zugegeben, schöne Bücher – mit Fokus auf den Einbänden – mögen ja in Wohnungen mitunter ganz dekorativ sein. Nur dürfen es für meinen Geschmack keinesfalls zu viele sein. Das erschlägt regelrecht. Aber ein paar nach ästhetischen Kriterien ausgewählte Exemplare, die virtuos platziert sind, können ganz schick sein. Warum nicht? Das geht an. Da kann ich durchaus mit. Alte, besonders wertvolle Bücher als Kunstgegenstände und Sammelobjekte – auch das kann als Geldanlage für extravagante Charaktere Sinn machen. So weit reicht mein Verständnis allemal. Schließlich müssen solche Schmöker nicht gelesen werden. Aber rein zum Angeben – gleichsam als Imponiergehabe – möglichst viele Bücher in Regalen zur Schau zu stellen, was durchaus vorkommen soll, entbehrt jeglicher Vernunft. Ein Schwachsinn zur dritten Potenz.

*

Kennen Sie übrigens den griechischstämmigen Begriff „Bibliophilie“? Sinngemäß ist damit die „Liebe zum Buch“ gemeint. Ob Sie es mir glauben oder nicht, ich habe in der Schule tatsächlich ein wenig Latein gelernt. Nicht aus eigenem Antrieb, weil ich das so toll fand, sondern weil es unumgänglich auf der Stundentafel stand. In einer der mäßig spannenden Stunden kam unser Altphilologe voll Begeisterung auf eben diese Bibliophilie zu sprechen. Laut seinen Erläuterungen, die mir erstaunlicherweise so lalala in Erinnerung geblieben sind, ist damit das Sammeln von schönen, seltenen und/oder – das ist mir nicht mehr gegenwärtig – historisch wertvollen Büchern zum Aufbau einer Privatbibliothek gemeint. Freilich gibt es auch Menschen, die Bücher kaufen, um sie zu lesen. Wer möchte das ernsthaft bestreiten? Auch auf diese Weise entstehen mitunter ansehnliche Sammlungen. In meinen Augen reine Geldverschwendung.

*

Für solche Leute wurden sogar spezielle Buchgemeinschaften und Buchclubs gegründet. Durch preiswerte Massenauflagen bieten solche Vertriebssysteme ihren Mitgliedern Bücher zu einem günstigeren Preis an. Dafür verpflichten sich diese zu einer regelmäßigen Abnahme. Mitunter werden da sogar Bücher ganz exklusiv an die Mitglieder verkauft und jedenfalls zu Vorzugspreisen. Daneben sind in aller Regel auch noch andere Medien erhältlich. Einige meiner ehemaligen Mitschüler kamen gelegentlich mit Büchern oder Tonträgern vom „Buchclub der Jugend" daher, die sie uns und vor allem dem Deutschlehrer stolz präsentierten. Abscheulich empfand ich diese Anbiederung. Donauland fällt mir übrigens dazu auch noch exemplarisch ein. Früher hat man Leute recht häufig darüber reden gehört. Ob das heute noch so „in" ist wie anno dazumal, kann ich nicht beurteilen. Mir dämmern noch zwei weitere Begriffe, die mir des Öfteren zu Ohren kamen. Zum einen die „Wissenschaftliche Buchgesellschaft Darmstadt", die mein studierter, belesener, mehrsprachiger Onkel – seines Zeichens Professor, Schuldirektor und Hofrat – gelegentlich erwähnt hat. Von dort wird er vermutlich einen Gutteil seiner reichhaltigen akademischen Leselektüre bezogen haben. Zum anderen „Ex libris"; wie ich heute weiß, ein Buchclub in der Schweiz, aber auch das Bucheignerzeichen in Büchern.

*

Eine Anmerkung der aufrechten Verlagsdame, meiner Informantin aus dem Verlagssektor, zu solchen Vertriebssystemen soll diesen Einschub beenden. Demnach hätten Buchgemeinschaften gegenüber dem regulären Verlagsgeschäft den beträchtlichen Vorteil einer Kostenreduzierung, was mir keineswegs auf Anhieb einleuchtete. Nach ihren Erläuterungen jedoch verstand ich, wo der sprichwörtliche Hase im Pfeffer liegt. Jeder Verlag müsse nämlich dem Buchhandel Gewinnmargen – wie die Gewinnspannen im Fachjargon heißen – bis zu über 50 Prozent gestatten, was für Buchgemeinschaften keineswegs zwingend sei. Die Buchpreisbindung gelte für Buchclubs nicht. Ihr Absatz erfolge ja zu einem beträchtlichen Teil durch fix vereinbarte Abonnements mit den Mitgliedern. Das biete den zusätzlichen Vorteil, dass basierend auf einer sicheren monatlichen oder jährlichen Abnahme kalkuliert werden könne. Scheint immerhin eine geschäftstaugliche Nische zu sein. Jedenfalls dreht sich – wie so oft – wieder alles ums liebe Geld.

***

Den Sammeltick kann ich grundsätzlich nachvollziehen, das Horten von vielen Büchern allerdings erscheint mir von jeher schlicht abwegig. Auch unsereins hat früher allerlei gesammelt, beispielsweise Briefmarken, Münzen und – ja Sie werden staunen – Zitate. Sie haben richtig gehört. Zi-ta-te! Wenn ich mich richtig entsinne, begann es mit Kalendersprüchen, die mir besonders gefielen. Später kamen allerlei Zitate, Bonmots und Aphorismen, die ich da und dort aufschnappte, dazu. Makabere Limericks – Sie kennen ja inzwischen mein Fable für das Englische – sowie Schüttelreime zur Belustigung rundeten das Ganze ab. Warum gerade Englisch? mögen Sie fragen. Weil es als internationale Verkehrssprache, als Weltsprache schlechthin, Menschen ermöglicht, quasi überall auf der Erde mit anderen in Kontakt zu treten, sich mit ihnen zu unterhalten oder wenigstens zu verständigen. Das hat Qualität, nicht überflüssige Bücher zu lesen. In meiner Zitatenkiste findet sich dazu zufällig ein treffender Sager – Ausspruch, wenn Sie die Bezeichnung bevorzugen – Theodor Fontanes: Ein guter Aphorismus ist demnach die Wahrheit eines ganzen Buches in einem einzigen Satz. Genau! Das trifft voll ins Schwarze. Selbst auf die Möglichkeit hin, damit Ihren Unmut zu entfachen, kann ich nicht umhin, Ihnen wenigstens einen makaberen Limerick sowie zwei launige Schüttelreime aus meiner Sammlung zu offerieren:

There was an old lady of Riga, who went for a ride on a tiger.

They returned from the ride with the lady inside.

And a smile on the face of the tiger.

Der Schnee, den du in Flocken siehst,
dir später in die Socken fließt.

Erst wünscht man sich ein trautes Heim,
dann traut man sich nicht mehr heim. (Naja!?)

Ach, Sie finden das gar nicht so komisch. C`est la vie, so ist das Leben. Humor hat man oder eben nicht. Er lässt sich nicht erzwingen. Gut, gut, ich hör schon auf. Bevor Sie ganz ungeduldig werden und mich zur Ordnung rufen, wechseln wir lieber flott die Perspektive. Eines noch: Dass ich die tipitopi aufgestellte Sammlung aufbewahrt habe, kommt mir heute, wie gerade eben, fallweise zugute. Haarscharf passende Zitate bei Bedarf gleichsam locker aus dem Ärmel zu schütteln, macht durchwegs Eindruck. Da kann man stets punkten. Bezichtigen Sie mich deswegen bitte nicht der Prahlerei. Das ginge glatt ins Leere.

***

Ah, da habe ich glücklicherweise gerade eine Assoziation. Von der Leidenschaft zum Büchersammeln zu Bibliotheken hin ist es ja wahrlich nur ein kleiner Gedankenhopser. Ich erinnere mich noch ganz lebhaft an meinen ersten – und damit garantiert auch letzten – Bibliotheksbesuch, den ich natürlich nicht aus eigenem Antrieb unternahm. Es war vielmehr im Rahmen eines Klassenausflugs in die Landeshauptstadt, der uns Volksschulkinder eben auch in so ein alt-ehrwürdiges Gebäude voller Bücher führte. Die irgendwie abseitige Atmosphäre, die Grabesstille, die recht sparsame Beleuchtung sowie der eigentümliche Geruch, den ich noch vermeine in der Nase zu haben, wirkten auf uns befremdend. Doch regte dieses ungewohnte Szenario zumindest meine Phantasie an. Die in langen Reihen sorgsam aufgestellten Regale, voll gestopft mit dicken und dünneren Büchern in verschieden Größen, verstaubten in meiner kindlichen Wahrnehmung vor sich hin. Zwar gab es da wohl einen gestrengen Herrn, der anscheinend über die Schreibwerke wachte und uns umgehend abmahnte, wenn wir verstohlen versuchten, einen Band zu betasten. Aber wie hier abgestaubt wurde, das konnte ich mir nicht bildlich vorstellen. Ja immerhin kam mir urplötzlich eine Erleuchtung. Nun wusste ich endlich, wo Bücherwürmer lebten und wovon sie sich ernährten. Ha! Hier in diesem Eldorado für diese Spezies „Wurm“ gab es zweifellos eine schier unendliche Menge davon. Ich sah sie geradezu vor meinem geistigen Auge – damals wusste ich natürlich auch noch nicht, was damit gemeint sei –, wie sie sich genussvoll durch die Masse von Büchern fressen. Schon damals erheiterte mich die Vorstellung, dass dann wohl letztlich, wenn überhaupt, nur die Einbände übrigblieben, aber nichts mehr, was zu lesen wäre. Sie können darüber ruhig schmunzeln; das halte ich locker aus. Erst als ich dieses erregende Erlebnis meinen pass erstaunten Eltern erzählte, wurde ich über die wahre Bedeutung dieser komischen Bezeichnung aufgeklärt.

***

Zurück nun in die Gegenwart. Wir haben ja mittlerweile mehrfach aufgezeigt, was neuerdings alles rund ums Lesen sowie im Bücherkarusell aufgeführt wird. Erlauben Sie mir an dieser Stelle ein Wort – bitte nicht wörtlich nehmen – zu Buchpräsentationen oder Lesungen. Obwohl viele stattfinden, sind sie gewöhnlich nicht der große Renner. Meistens verirren sich nur wenige Leute dahin; und die eher aus einer vermeintlichen oder – was seltener vorkommt – tatsächlichen Verpflichtung, aus Sympathie zum Autor respektive zur Autorin, vielleicht auch aus echtem Interesse am Buch. Einige weitere Beweggründe sind durchaus denkbar, zumal solche Lesungen heutzutage gerne aufgepeppt werden, um doch noch einige Damen wie Herren hinter dem Ofen hervorzulocken. Damit die geschätzten Besucher und Besucherinnen nicht aus Desinteresse abschalten oder aus Langeweile gar eindösen, werden die Lesepassagen alternierend durch Gesangs- oder Musikeinlagen bereichert. Das hält das Publikum einigermaßen bei der Stange. Trotzdem driften manche ab, hängen ihren eigenen Gedanken nach oder lassen sich einfach berieseln, ohne konzentriert bei der Sache zu sein. Falls allerdings nach einer Lesung ein Imbiss offeriert wird, ist die Müdigkeit bei Brötchen, Getränken, Lobhudelei und Smalltalk erstaunlicherweise oft wie weggeblasen. Der Abend klingt dann versöhnlich aus. Ist Ihnen persönlich so etwa auch schon passiert? Keine Angst, mir können Sie das ruhig anvertrauen. Ich habe ja vollstes Verständnis dafür. Sie sollten solche Veranstaltungen aber künftig meiden.

*

Ein besonderer Geck sind übrigens Buchlesungen kombiniert mit Weinverkostung oder ähnlichen lukullischen Genüssen. Wo mehr Geist drinsteckt, sei übrigens dahingestellt. Mitunter werden für Leseabende Orte gewählt – das muss gar kein Weinkeller sein –, die einen gewissen Charme im Sinne eines Aufforderungscharakters versprühen. Deren daraus resultierende Anziehungskraft macht man sich zunutze. Ein romantisches Flair – Lesung bei Kerzenschein beispielsweise – wird auch nicht ungern strapaziert, um die Leute neugierig zu machen und anzulocken. Auch Verlage scheuen vor solchen Arrangements oder Inszenierungen keineswegs zurück. Ihr Vertrauen in das schlichte Buch – in dessen Qualität, Anziehungskraft und/oder dessen Absetzbarkeit – scheint fallweise nur schwach ausgeprägt zu sein.

***

Verlage haben eine Mittlerposition zwischen Autoren- und Leserschaft inne. Neben einigen weiteren Funktionen besteht ihre wichtigste Aufgabe darin, die Schriften – von Manuskripten im ursprünglichen Wortsinn kann eigentlich nicht mehr die Rede sein – von Autoren wie Autorinnen zu vervielfältigen und diese durch Veröffentlichung dem Publikum zugänglich zu machen. Nach Meinung mancher Kritiker sollte sich die Abwägung, was publiziert wird, keineswegs nur nach dem zu erwartenden Gewinn richten. Der Gehalt eines Werkes müsste wieder stärker gewichtet werden. Nur auf den rasch wechselnden zeitgeistigen Geschmack der potentiellen Käufer und Käuferinnen hinzuschielen, um allein danach die Auswahl zu treffen, stelle einem Verlag kein gutes Zeugnis aus.

*

Der Büchermarkt wird gegenwärtig überflutet von Neuerscheinungen. Von Insidern hört man, dass die Halbwertszeit für so genannte Novitäten – neu herausgebrachte Werke nämlich – stets kürzer werde. Sofern sie überhaupt Anklang fänden, stießen sie höchstens für ein paar Monate auf Interesse und würden auch gekauft. Was im ersten Viertel- bis Halbjahr nicht abgesetzt werde, bleibe oft liegen. Ausnahmen gebe es freilich immer. Wenn die von meinem weitschichtigen – nein, nicht weitsichtigen –, weitschichtigen Verwandten väterlicherseits kolportierte Zahl stimmen sollte, dann werden allein in Deutschland an die 90.000 Titel an Erst- und Neuauflagen jährlich veröffentlicht. Für 2015 nannte er einen Durchschnittspreis für alle Neuerscheinungen von etwa 26 Euro. Kaum zu glauben. Deutlich überhöht für mein Gefühl. Während gedruckte Bücher teurer würden, verfalle der Preis für E-Books immer mehr, sodass die Schere dramatisch auseinandergehe. Als er dann noch etwas von über neun Milliarden Euro – 9. 000 000 000 (!) – faselte, horchte ich auf. Das seien in etwa die Einnahmen des deutschen Buchhandels im Jahr 2015, erfuhr ich auf meine erstaunte Nachfrage hin. Unglaublich, oder? Ich traue solchen Zahlen nicht über den Weg.

*

Jeder Verlag will sich klarerweise möglichst erfolgreich am Markt platzieren. Die reichliche Anzahl an Verlagen bedingt fast zwangsläufig auch eine Unmenge von publizierten Büchern. Der Trend gehe dabei – laut meiner stets mitteilsamen Verlagsdame – zu einer erhöhten Angebotsvielfalt bei sinkenden Auflagen der Erst- oder Neuerscheinungen. Die schiere Quantität geht meines Erachtens zunehmend auf Kosten der Qualität. Stimmen Sie mir da etwa nicht zu? Ist doch ziemlich logisch, oder? Allein in Österreich soll es laut Google-Recherche an die 1.500 Verlage geben, in Deutschland über 2.200. Na bum! Kein Wunder, dass da die Schleusen offenstehen. Wir sollten uns angesichts solcher Zahlen fragen, ob wohl allen Verlegern wie Verlegerinnen die ihnen zukommende große gesellschaftliche Verpflichtung bewusst ist und ob sie dieser auch nachkommen. Ach wirklich, Sie haben da so Ihre Zweifel?

*

Wie mir jene gestresste Lehrerin – die mit dem Alphabetisierungsdruck – ein andermal anvertraute, werde auch die Schule immer stärker mit allerlei Büchern und mehr oder weniger nützlichen Lernmaterialien überschwemmt. Ja genau, „überschwemmt“ war präzise das Wort, das sie gebrauchte. Da sei ein blühender Markt mit gewaltigen Umsätzen entstanden. Was solcherart an Geld fließe, wolle sie gar nicht wissen, meinte sie ein wenig konsterniert. Jedenfalls sei sie persönlich der Meinung, dass derzeit vieles übertrieben und völlig unnötig sei. Nur werde so eine Kritik nicht gerne gehört. Folglich spreche man darüber in Lehrerkreisen eher hinter vorgehaltener Hand. Na bravo! Da hört sich doch alles auf. Wo kommen wir hin, wenn nicht einmal die in der Praxis an vorderster Front stehenden Fachleute ihre auf Erfahrung basierenden Überzeugungen offen transportieren dürfen? Auf wen sollte man denn sonst hören? Auf die selbst ernannte Expertenschar etwa, die gegenwärtig allseits hofiert wird? Lasst euch diesen Unfug doch nicht gefallen! – So lautete meine erste empörte Reaktion darauf. Ich habe leicht reden, entgegnete sie mir. Aber aus diesen und jenen Gründen sei .... Ich schweife ja schon wieder ab. Sie haben ganz recht, wenn Sie mich darauf aufmerksam machen. Schließlich können oder wollen wir hier nicht aus der Schule plaudern.

*

Aber eine letzte Bemerkung dazu kann ich mir nicht verkneifen. Die (alten) Chinesen haben sprichwörtlich erkannt, was Sache ist: Selbst ein Haufen Bücher ersetzt nicht einen guten Lehrer. Von deren Scharfsinn und Durchblick könnten wir uns eine Scheibe abschneiden. Übrigens – und das muss ich Ihnen einfach noch erzählen – frönen nicht wenige Leute in China folgender Freizeitbeschäftigung: Sie setzen sich mit ihrem Schemel auf einen belebten Platz. Was – meinen Sie – tun sie da? Nein, sie lesen keine Bücher. Sie verfolgen vielmehr aufmerksam, was so rundherum vor sich geht. Sie lesen in den Augen der Menschen, versuchen aufzulesen, was diese bewegen mag und antreibt, wohin sie streben, was sie zur Eile anhält, welchen Geschäften sie wohl nachgehen und ähnliches mehr. All das regt ihre Gedanken, ihre Phantasie, ihr Einfühlungsvermögen an. Sie lesen schlicht das Leben. In unseren Breiten – und damit hör ich damit wirklich auf – kam etwa der gewitzte Wilhelm Busch zu einer derartigen Erkenntnis, wenn er einem redlichen Freund versicherte: Wem zu glauben ist, dass kann ich dir sagen: Glaube dem Leben; es lehrt besser als Redner und Buch. Diese tiefe Wahrheit bedarf keines Kommentars.

***

Stichwort gute LehrerInnen: Dazu kommt mir ganz unvermittelt folgende Frage: Halten Sie die

Pädagogenschaft eigentlich für eine belesene Berufsgruppe? Von ihrer Profession her wird das doch, wie mich dünkt, allgemein angenommen. Gibt es nicht auch da Exemplare, die dem Lesen ziemlich abhold sind? Also ich kenne zumindest einige coole Typen und Typinnen, die unumwunden zugeben, dass sie nur recht wenig lesen. Also ist das, so könnte man schließen, für ihre fachliche, pädagogische und sonstige Fort- und Weiterbildung anscheinend nicht vonnöten. Haben sie ja ohnehin, wie ich mit Erstaunen vernahm, pro Person eine Fortbildungsverpflichtung von 20 (!!!) Stunden pro Schuljahr. Genauer gesagt 20 Stunden, die in der Regel 20 Unterrichtseinheiten (UE) a la 45 Minuten entsprechen, wie aus berufener Quelle verlautete.
Wenn das nur nicht dem Michael Häupl – seines Zeichens Wiener Langzeitbürgermeister und Landeshauptmann von 1994 bis 2018 – zu Ohren kommt. Er war ja erst unlängst mit seinem Bonmot zur Arbeitszeit des Lehrpersonals, zumindest in den Augen der kritisierten Berufsgruppe, gehörig ins Fettnäpfchen getreten. Andere freilich lachten sich heimlich ins Fäustchen. Manche ließen sich gar zur Behauptung hinreißen, er habe damit genau ins Schwarze getroffen. Es ist weder mein Geschäft noch meine Absicht, für eine Seite Partei zu ergreifen. Indes amüsieren mich solche Geplänkel durchaus.

Naja zugegeben, das mit der mickrigen Fortbildungsverpflichtung mag, je nach Veranlagung und Standpunkt, zum Kopfschütteln oder Schmunzeln Anlass geben. Aber wenn sich tatsächlich selbst in dieser illustren Berufsgruppe die Leseeuphorie in Grenzen hält, dann besteht immerhin Hoffnung, dass das ganze aufgeblasene Getue ums Lesen – heute würde man wohl zeitgeistig von einem Hype ums Lesen sprechen – irgendwann im Sande verläuft.

***

Heutzutage spielt sich das Leben einer beständig steigenden Zahl von – zuvorderst jüngeren – Menschen neben der realen Welt zunehmend auch in virtuellen Sphären ab. Kein Wunder also, dass dieser Tage die elektronische oder digitale Revolution als das Gelbe vom Ei erachtet wird. Wie in allen Gesellschaftssegmenten greift sie auch in Schulen um sich. Als ob Revolutionen jemals gut ausgegangen wären. Vergessen Sie diese Randbemerkung lieber gleich wieder. Ich bin nämlich alles andere als ein Technikmuffel oder Fortschrittsverweigerer. Man ist doch stets aufgeschlossen für Neues, Innovatives, Modernes. Und auch dabei sind wir mitten in unserem Thema. Vom manifesten, materiellen Buch zum elektronischen E-Book läuft zunehmend der Trend. Wie ich als aufmerksamer Beobachter feststelle, greifen inzwischen immer mehr Leute zu diesem Medium. Das sei hip, tönen sie, um dann sogleich die Vorteile abzuspulen: bequemer, komfortabler, billiger, portabler, Platz sparender und so fort. Die variable Schriftgröße wird oft extra hervorgehoben, weil dadurch der Lesegenuss gesteigert werde. Sehen Sie, das geht mir zu weit. Klar, man darf dem Zeitgeist nicht hinterherhinken. So lautet die Doktrin. Aber die Krux ist: Der Gehalt der Bücher – sprich ihr Inhalt – wird dadurch um keinen Deut besser. Es ändert sich – wie bei Reformen meistens – zwar die Form, der Inhalt oder das Problem bleiben aber unverändert bestehen. Bei Büchern ist ja gerade der Inhalt häufig das Problem, wie immer Sie diese Feststellung auslegen wollen. Da setze ich nicht weiter nach. Der Gedanke schwebt im Raum. Greifen Sie ihn auf oder verwerfen Sie ihn, wie es Ihnen beliebt. Nur eines noch dazu: Natürlich nütze ich die elektronischen Medien, wo es mir sinnvoll erscheint. Aber ich lese weder Feststoffbücher noch E-Books. Da bin ich konsequent.

***

Etwas Feines seien die Bücherbörsen im Internet, äußerst bequem und nützlich. So schwärmte bei irgendeiner passenden oder unpassenden Gelegenheit mein Bücher sammelnder Verwandter väterlicherseits. Dort erhalte man bei einer riesigen Auswahl Second-hand-Bücher mehr oder weniger preisreduziert. Er besorge sich über diese Foren gelegentlich vergriffene Exemplare, die in Buchläden nicht erhältlich seien. Sammeln sei eben seine Leidenschaft. Außerdem könne man auf diese Weise die Buchpreisbindung umgehen. Auf meinen unbedarften Blick hin, legte er sofort mit einer Erklärung los. Die Preisbindung für Bücher gebe es seit 1958. Da das mein Geburtsjahr ist, habe ich's mir gemerkt. Sie verpflichte Verlage, einen verbindlichen Abgabe- und Endverkaufspreis festzusetzen, der vom Handel einzuhalten sei. In der Schweiz, in Großbritannien oder in den USA gebe es diese Bindung nicht; dort sei der Buchpreis frei. Auf mein Abwinken hin kratzte er elegant die Kurve, indem er flott zum Internet zurückkehrte. Besonders gerne lese er die Buchrezensionen bei Amazon, Weltbild und anderen Web-Anbietern. Mein Interesse an seinen Schwärmereien hält sich stets in Grenzen, wie sie sich vorstellen können. Mich interessieren weder Bücher noch diverse Kommentare, die ohnehin meist ein Fake sind.

***

Da lob ich mir schon eher Sendungen wie das „Literarische Quartett“, wo den Neuerscheinungen so richtig auf den Zahn gefühlt wurde. Dieses Amüsement habe ich mir früher hin und wieder gegeben. Marcel Reich-Ranicki und seine Mitdiskutanten haben so manche Schreiberei regelrecht zerpflückt und durch den sprichwörtlichen Kakao gezogen. Manchmal beschlich mich eine gewisse Schadenfreude, wie ich ohne Bedauern zugebe. Ob der eine Autor oder die andere Autorin aus dem Verriss etwas gelernt haben, steht in den Sternen. Zu wünschen wäre es ihnen allemal. Laut dem amerikanischen Schlitzohr Mark Twain – Pseudonym für den Erzähler und Satiriker Samuel Langhorne Clemens – komme es gar nicht so selten vor, dass mancher gleich zwei Bücher auf einmal schreibe: das erste und das letzte.

***

Aber noch einmal zurück zur so genannten digitalen Revolution. Sie baut mir eine Brücke zur Reizüberflutung, die vielerorts beklagt wird sowie zur Bilderflut, die uns zunehmend überrollt. Von Leseüberflutung hingegen spricht unverständlicherweise kein Mensch. Das ist doch seltsam. Buchstaben umschwirren uns häufig wie ein Mückenschwarm, wie Motten das Licht. In städtischen Biotopen kann man sich dem Lesen kaum entziehen. Symbole, Wörter, Sätze, Textfragmente sind beinahe allgegenwärtig. Sofern man nicht die Augen schließt – was wohl mit Sicherheit lebensgefährlich wäre –, ist man regelrecht gezwungen zu lesen: Verkehrsschilder, Schaufenster, Plakatwände, Lichtreklamen, Informationstafeln, Litfaßsäulen, Straßennamen, Hausnummern, Graffitis und vieles mehr. Haben Sie sich dieses Faktum schon einmal vergegenwärtigt? Da schätze ich den Wald als Rückzugsgebiet, um dem ganzen Wulst zeitweise zu entfliehen. Leseabstinenz täte uns allen hin und wieder gut. Folglich sollten wir uns gelegentlich Leseentzug verordnen.

***

Ja gut, höre ich einige ungeduldige Zeitgenossen – oder sind es Zeitgenossinnen? – sagen, aber das ist nun doch sehr weit hergeholt. Wie Sie meinen. Mein Thema ist schließlich ein umfangreiches mit allerlei Facetten. Da lasse ich mich nicht beirren. Das wird jetzt durchgezogen. Basta. Niemand ist verpflichtet, mir zu folgen. Auf solche Animositäten kann ich mich wirklich nicht einlassen. Verzeihen Sie, wenn das etwas schroff klingt. Jetzt habe ich aber durch Ihren Einwand glatt den Faden verloren. Was wollte ich Ihnen gleich noch empfehlen? An welcher Stelle haben Sie meinen

Gedankengang unterbrochen? Moment, nur einen kleinen Moment. Gleich fällt es mir wieder ein. Etwas Geduld bitte. Ach ja, genau, jetzt entsinne ich mich wieder. Heureka!

**

Machen Sie doch einmal den Versuch, ein Jahr lang ganz bewusst möglichst wenig zu lesen, kein Buch, keine Tageszeitung, keine Illustrierte, kein Wochenmagazin, keinen Teletext, keine Internetforen, nichts dergleichen. Ich höre geradezu Ihren Aufschrei. Na gut, dann probieren Sie es halt wenigstens ein paar Monate oder Wochen. Das wird ja wohl zu schaffen sein. Sie werden mit Sicherheit überrascht sein, wie wenig Ihnen dabei entgeht. Glauben Sie mir ruhig; unsereins weiß das aus eigener Erfahrung. Viele überflüssige Lappalien und Berichte über allerhand lokalen Schmarren bleiben Ihnen auf diese Weise erspart. Alle wirklich wichtigen Ereignisse im Weltgeschehen werden Sie trotzdem mitbekommen. Lesen ist hierfür keinesfalls notwendig. Heutzutage sind wir ja von Informationen allseits umgeben, geradezu eingekreist. Man kann ihnen kaum entkommen. Sie verfolgen uns regelrecht. Allein wer sich im stillen Kämmerlein hermetisch abschirmt – eine ziemlich unrealistische Vorstellung –, entflieht der Informationsflut für eine begrenzte Weile. Eremiten, die sich in eine abgeschiedene Einsiedelei zurückziehen, mag dieses Kunststück auf Dauer gelingen, falls sie keinen Besuch empfangen und ohne jegliche Medien leben. Aber selbst dafür würde ich meine Hand nicht ins Feuer legen. Für Lesesüchtige wäre das übrigens ein lohnender Therapieansatz. Womit wir diesen Aspekt auch schon ad acta legen.

***

Die neuen Informations- und Kommunikationsmedien eröffnen heute kaum für möglich gehaltene Optionen. Sie vernünftig und sinnvoll zu nutzen, liegt allemal in unserem Ermessen. Auch das will gelernt sein. Schauen Sie, ich bin ja zum Beispiel kein Surfer, weder im Wassersport noch im Internet. Wenn ich aus dem Netz was brauche, dann suche ich gezielt. Sofern man das nur aufs gerade Wohl macht, wird man leicht zum Lesen von allerlei Unnötigem verleitet. Mit ein wenig Selbstdisziplin lässt sich das vermeiden. Zeit ist schließlich eine kostbare Ressource, mit der wir vernünftig haushalten sollten. Freilich ertappe ich mich gelegentlich auch dabei, wie ich mich im World Wide Web ohne konkrete Absicht treiben lasse. Aber das ist jedenfalls die ganz seltene Ausnahme von der Regel. Welcher Mensch ist schon vor schwachen Momenten oder diversen

Anfechtungen gefeit? Wie wird da doch gleich das Buch der Bücher gerne zitiert? – Wer ohne Sünde ist, der – und selbstredend auch die – werfe den ersten Stein. Wir sind doch alle fehlerbehaftet und kleine Sünderlein. Es war immer so, es war immer so.

***

Konfuzius, dessen Weisheiten unter anderem häufig auf Kalenderblättern abgedruckt sind, hat einmal sinngemäß gemeint, dass wir niemanden weise nennen sollten, ehe er nicht bewiesen habe, dass er eine Sache von mindestens acht Seiten her beurteilen könne. Gegendert wurde seinerzeit offensichtlich ja noch nicht; aber selbstredend gilt seine Mahnung auch für den weiblichen Teil der Menschheit. Soviel wage ich hier ungeschützt zu behaupten. Betrachten wir also – seinem Ratschlag folgend – unsere Thematik nun aus einem völlig anderen Blickwinkel. Vornehmere, distinguiertere Leute – oder solche, die sich dafür halten – nennen das, was sie lesen, ihre Lektüre. Ich räume ein, dass mir die Bezeichnung „Lesestoff" auch nicht sonderlich behagt. Immerhin ist „Stoff" bodenständiger und weckt weniger überhobene Assoziationen. Aber wir wollen hier keineswegs um Wörter feilschen. Interessant ist vielmehr, welche Art von Lektüre solche Herrschaften auswählen. Sage mir, was du liest, und ich sage dir, wer du bist. Halten Sie so was für möglich? Mir ist das nun doch ein zu heißes Eisen. Davon lasse ich lieber die Finger, um mich nicht zu überheben.

***

Ich weiß ja nicht, wie es Ihnen geht. Mich jedenfalls regen das ganze übertriebene Lesegetue sowie das Büchertheater gelegentlich wirklich auf. Wenn ich mit ansehen muss – und wer kann sich dem schon ständig entziehen –, was da alles aufgeführt wird, kriege ich mitunter die Krise. Selbst mehr oder weniger gut dotierte Preise werden gestiftet, um die erfolgreichsten Schreiberlinge für ihre Machwerke auch noch zu belohnen. Das ist ja wohl der Gipfel in dem zweifelhaften Zauber rund ums Buch. Möchte man dadurch etwa noch mehr Leute animieren, Schreibstücke zu verfassen und der Öffentlichkeit feilzubieten. Soll das gar in einen Wettbewerb ausarten? Gott bewahre. Preise für Bücher, das ist ja wohl das Allerletzte. Für besonders gute Werke wird deren Urhebern respektive Urheberinnen also ein Preis verliehen. Allen voran ist da wohl der „Nobelpreis für Literatur" zu nennen, den zu erhalten nur wenigen Auserlesenen vorbehalten bleibt. Aber auch der „Pulitzerpreis", der „Friedenspreis des Deutschen Buchhandels", der „Hans-Christian-Andersen Literaturpreis“, der „World Fantasy Award“ und ähnliche erfreuen sich großer Beliebtheit. Steigert so eine Preisverleihung doch gewöhnlich den Bekanntheitsgrad des Autors oder der Autorin. Zudem kurbelt es zweifelsfrei den Absatz an. Wer gewinnt, sahnt ab. Jedenfalls sind Sieger stets im Vorteil. So läuft der Hase nun mal in unserer globalisierten Leistungs- und Wettbewerbsgesellschaft.

*

Allein in Österreich gibt es mehrere Buchpreise, wie ich von Eingeweihten erfahren habe. Einige meiner Quellen sind Ihnen bereits geläufig. Es gibt allerdings noch andere mit dem Thema vertraute Personen in meinem Umfeld, von denen ich einschlägige Informationen beziehe. Folgende Buchpreise haben sie mir unter anderen genannt:

Österreichischer Staatspreis für europäische Literatur
Großer Österreichischer Staatspreis für Literatur
Österreichischer Kunstpreis für Literatur
Österreichischer Buchpreis
Österreichischer Staatspreis für Kinder- und Jugendliteratur
Ingeborg-Bachmann-Preis
Erich-Fried-Preis

*

Wie Sie sich denken können, war es mir nicht wert, solche überflüssigen Dinge zu merken. Aber immerhin schrieb ich diese in meinen Notizblock, um sie für unsere Überlegungen oder andere Allfälligkeiten parat zu haben. Man weiß ja nie. Keinen blasen Schimmer übrigens, was da jeweils im Einzelnen für Maßstäbe oder Kriterien angelegt werden. Darüber habe ich keinerlei Informationen eingeholt, da derartige Verleihungen in meinen Augen für den Hugo sind. Sie kennen doch diese flapsige Redewendung, oder? Ich erspare Ihnen, über etwaige Auswahlkriterien Spekulationen anzustellen. Als sachkundige Leute wissen Sie vermutlich eh besser Bescheid als unsereins.

*

Daneben gebe es – so wurde ich belehrt – noch Buchpreise, die von Städten, Bundesländern und anderen Gebietskörperschaften vergeben würden. Und selbstredend würden solche Preise in Deutschland, in der Schweiz sowie in anderen Ländern zuhauf verliehen. Die Dotierung sei dabei recht unterschiedlich. Aber so weit reichte mein Interesse nun auch wieder nicht. Für unser Thema musste das genügen. Keinesfalls konnte diese Facette jedoch unerwähnt bleiben. Der Bücherwahn ist offensichtlich schrankenlos.

*

Ich erzähle Ihnen jetzt eine Episode, die mich hinsichtlich solcher Preisverleihungen ziemlich nachdenklich stimmte. Dem ungarischen Schriftsteller Imre Kertész wurde im Jahr 2002 für sein Werk „Roman eines Schicksallosen" der Nobelpreis für Literatur zugesprochen. Seiner Arbeit, die ursprünglich in ungarischer Sprache erschien, wurde zunächst in seinem Heimatland kaum Aufmerksamkeit gezollt. Erst durch Übersetzungen in andere Sprachen erweckte sie urplötzlich ein solches Aufsehen, das letztlich in der Vergabe des Nobelpreises mündete. Da ich in diesen Jahren in Budapest lebte und arbeitete, war es unumgänglich, diverse Debatten darüber mitzubekommen. Soviel zu Maßstäben oder Kriterien für diverse Buchpreise. Nicht immer transparent und leicht nachvollziehbar. Geschmäcker sind ja bekanntlich verschieden.

*

Ein einziges Mal habe ich mich durch die Überredungskunst eines Freundes – wiewohl offen gestanden auch von einer gewissen Neugierde gepackt – hinreißen lassen, zu einer Diskussion zweier Großmeister der Schriftstellerei zu gehen. In Budapest trafen sich seinerzeit zwei Nobelpreisträger für Literatur zu einem Gedankenaustausch. Zum einen der Herr Grass aus Deutschland, der ja mitunter recht krasse Texte verfasste, sowie zum anderen besagter Herr Kertész aus Ungarn, ein von den eigenen Landsleuten lange Zeit verkannter Genius. Ich erspare Ihnen zu dem Gespräch jeglichen Kommentar meinerseits. Man muss wirklich nicht immer und überall seinen Senf dazugeben. Bereut habe ich es keineswegs, so etwas einmal miterlebt zu haben. Erst dadurch gewinnen Urteile an Gewicht.

***

Ich schlage vor, dass wir jetzt einen Seitenblick auf die Buchwirtschaft machen. Rund um das Buch sowie um das Lesen an sich ist ein blühender Wirtschaftszweig mit enormen Umsätzen entstanden. Das merkt sogar ein Blinder. Mit gefinkelten, teilweise aggressiven Werbe- und Verkaufsstrategien wird der Markt erfolgreich aufbereitet und beackert. Die Buchindustrie – und von einer solchen kann man mit Sicherheit sprechen –

beschäftigt zweifellos beachtlich viele Menschen in unterschiedlichen Berufen. Von den professionellen Schriftstellern über das ganze Buchdruckgewerbe bis hin zur Mitarbeiterschaft in den Verlagen und dem ganzen Literaturbetrieb. Obwohl ich mich da viel zu wenig auskenne, räume ich ohne zögern ein, dass dem ganzen Zirkus rund ums Buch unbestreitbar ein wichtiger Stellenwert als Brotgeber zukommt.

*

Da gibt es doch glatt Leute, die das Lesen zu ihrem Beruf machen. Lektoren und Lektorinnen in Verlagen etwa. Lektüre als Lebensinhalt. Für mich völlig unverständlich. Na gut, falls sie damit ihr Hobby zum Beruf machen, was vorkommen soll, ist ihnen nur zu gratulieren. Beneiden tu ich sie deswegen trotzdem nicht. Zwischendurch mag das ja durchaus amüsant oder informativ sein, aber weit überwiegend ist es mit Sicherheit nur öde. Lesestoff, noch mehr Lesestoff, Lesestoff zuhauf. Ein Berufsleben lang all die Ergüsse des menschlichen Geistes oder Ungeistes lesen zu müssen. Mich schaudert. Eine schreckliche Vorstellung, nicht wahr? Diese Menschen sind es übrigens, die – in der Regel gemeinsam mit dem Verleger oder der Verlegerin – entscheiden, welche eingereichten Manuskripte letztlich angenommen und veröffentlicht werden. Wie man hört, wird der weitaus größere Teil verworfen. Die Schreiberlinge sind dem Lektorat also gewissermaßen auf Gedeih und Verderb ausgeliefert. Geht der Finger nach oben oder nach unten? Das ist für sie die brennende Frage. Mitunter werden die auf eine Zusage Harrenden auch durch lange Wartezeiten auf die Folter gespannt, bis endlich eine definitive Entscheidung fällt. Geduld ist angesagt. Inzwischen sind bei vielen Verlagen die Fristen für Manuskriptbegutachtungen deutlich länger als früher einmal. Kein Wunder bei der Lawine von Schriftstücken, die sie zu sichten haben.

*

Neuerdings soll ein neues Berufsbild entstanden sein, das des Literaturagenten. Die freundliche Verlagsdame, mit der ich Sie bereits eingangs bekannt gemacht habe, informiert mich hin und wieder über Gepflogenheiten oder Neuigkeiten im Verlagswesen. Bis zu einem bestimmten Maße bin ich daran aus Gründen der Allgemeinbildung auch durchaus interessiert. Literaturagenten – für die weniger Eingeweihten – sind heute die Vermittler zwischen Autor respektive Autorin und Verlag. Solche Agenten beraten demnach die Autorenschaft und vertreten deren Interessen gegenüber den Verlagen. Sie entlasten zudem das Lektorat, indem sie Aufgaben übernehmen, die früher von Lektorinnen oder Lektoren wahrgenommen wurden, beispielsweise eingehende Gespräche über das Manuskript zu führen. Also auch mit so was kann man seine Kröten verdienen.

***

„Verlegen“ im verlagsspezifischen Sinne kommt übrigens von „vorlegen“; falls ich diesbezüglich nicht einer Ente im Sinne einer Falschinformation aufgesessen bin. So etwas kann einem heutzutage leicht passieren. Meines Wissens wurde den Autoren irgendwann in grauer Vorzeit – Bücher schreibende Frauen waren damals vermutlich noch die Ausnahme – ein bestimmter Betrag ihres Honorars vorgestreckt. Da staunen Sie, was? Wie, das haben Sie bereits gewusst? Schau einer an. Offensichtlich lauter gebildete Leute, mit denen ich es hier zu tun habe. Natürlich kann man Bücher auch in einem viel profaneren Sinne verlegen. Diese Art von Verlegen erfordert meistens ein zielgerichtetes Suchen. Vielleicht hätte ich mir diese Zwischenbemerkung sparen sollen. Jetzt ist es zu spät, sich darüber Gedanken zu machen. Gesagt ich gesagt.

**

Jedenfalls haben sich die Zeiten auch im Verlagswesen merklich geändert. Heute höre ich Schreiberlinge vermehrt darüber jammern, dass sie bei den Honoraren sehr kurzgehalten würden. Die ihnen vom Buchpreis zugestandenen Prozente seien äußerst bescheiden. Selbst schuld. Geschieht ihnen recht. Es hat sie ja in den allermeisten Fällen niemand um ihre aufgeblasenen Wortspenden gebeten. Hin und wieder freilich treten Verlage – präziser müsste es wohl heißen ihre Repräsentanten – an bekannte oder berühmte Persönlichkeiten mit dem Begehren heran, ein Buch zu einem bestimmten Thema zu verfassen oder ihre Autobiographie zu schreiben. Natürlich geschieht dies nur in Erwartung eines lohnenden Geschäftes. Eigentlich eine abstruse Idee, den Lesenden die ganze Lebensgeschichte eines Menschen – noch dazu durch die eigene rosa Brille betrachtet – zuzumuten. So was lesen wohl vor allem sensationslüsterne Leute, die gerne im Privatleben anderer wühlen, ohne auch nur im Geringsten verlegen zu werden. – Ist Ihnen diese Bedeutung von „verlegen" aufgefallen? – Einfach abscheulich. In einer Zeit allerdings, in der Seelenstriptease in zahlreichen Medien beinahe an der Tagesordnung steht, keineswegs verwunderlich. Angesichts solcher bedenklichen Fakten kann ich mir eine Binsenweisheit nicht verkneifen: Verlage werden gegründet, um Bücher zu publizieren, zu verlegen. Nur in Verlegenheit sollten sie dabei nie kommen.

***

Während in der natürlich ablaufenden oder naturgebundenen Evolution die größten Lebewesen – Saurier, Mammut, Wollhaarnashorn, Riesenhirsch etwa – alle samt und sonders ausgestorben sind, wachsen in der menschengetriebenen kulturellen Evolution immer monströsere Gebilde heran. Damit sind keineswegs in erster Linie Wolkenkratzer und andere gigantische Bauwerke gemeint, sondern Großkonzerne und andere Machtkonzentrationen. Sollten Sie vielleicht versucht sein, auf launige Weise einzuwenden, Riesenhirsche gebe es doch noch, allerdings nicht im Tierreich, so müsste ich Sie diesmal zur Ordnung rufen. Auf ein derartiges Niveau wollen wir uns keinesfalls begeben. Was hat das nun wiederum mit unserem Thema zu tun? Diese Frage liegt Ihnen wohl auf der Zunge, nicht wahr? Warum ich diesen Ansatz gewählt habe, ist leicht erklärt. Weil nämlich auch das Verlagswesen nicht von solchen Entwicklungen verschont bleibt. Auch hier gilt das ewige Gesetz: Die Großen fressen die Kleinen, die Starken die Schwachen. Das schändliche Spiel lautet: Wer kauft wen, wann um wie viel? Wer wird aufgekauft? Wer verschwindet völlig von der Bildfläche? Wer kann sich aus eigener Kraft noch über Wasser halten? Dabei hat bereits der Adam – nein nicht der Lebensgefährte der Eva – der andere, … der Engländer, … na Sie wissen schon, der Adam Schmiss … oder so ähnlich, der alte Wirtschaftsguru, der hat seinerzeit bereits eindringlich vor Monopolen gewarnt. Ah, jetzt hab ich's endlich! Adam Smith heißt der gute Mann, ein echter Zampano war der auf seinem Gebiet, der Ökonomie. Er würde sich wohl im Grab umdrehen, wenn er sehe, was da heute abläuft: Verlagskonzentrationen durch Zusammenschlüsse von Verlagen unter einem Dach, Medienkonzerne und Kartelle, durch Elefantenhochzeiten – ein phantastisches Bild, nicht wahr? – entstehende Firmenimperien und Machtkonglomerate ungeahnten Ausmaßes. Noch ist kein Ende dieser horrenden Entwicklung abzusehen. Wo mag das letztlich hinführen? Zum Kollaps, zu einer Art „neuen“ Urknall? Oder aber zu weniger apokalyptischen Szenarien? Die Hoffnung stirbt bekanntlich zuletzt. Der niederländische Gelehrte Erasmus von Rotterdam – neben dem fliegenden Holländer wohl einer der bekanntesten seines Landes – hat schon zu seiner Zeit sehenden Auges proklamiert, dass der Umgang mit Büchern zum Wahnsinn führt. Er bezog seine Aussage zweifellos auf einzelne Individuen. Ob das auch für ganze Branchen zutreffen kann, überlasse ich Ihrem Urteilsvermögen.

***

Unlängst bin ich bei einer Internetrecherche zufällig auf einen meines Erachtens ganz außergewöhnlichen Schwachsinn gestoßen: das Anwerben von neuen Schreiberlingen. Menschen werden geradezu angestachelt, Bücher zu schreiben. Angeleitet durch allerlei Tipps und mehr oder weniger hilfreiche Ratschläge sollen einfache Leute zu Autoren oder Autorinnen mutieren. Häufig wird suggeriert, das sei überhaupt keine Hexerei und für jedermann nebst jederfrau leistbar. Erstaunlich viele zeitgeistige Damen und Herren gehen solcher Verführung offensichtlich in naiver Weise auf den Leim. Wenn es dann mit einer Veröffentlichung bei einem renommierten Verlag nichts wird – wie in den allermeisten Fällen klar voraussehbar –, scheuen sich manche keineswegs vor einer Eigenpublikation ihres Machwerks. Vor Selbstbewusstsein strotzend wird dafür das nötige Geld locker gemacht; ganz locker vom Hocker, wie man wohl des Verses wegen so schön sagt. Selbstredend gibt es im Netz auch die scheinbar einfachsten Rezepturen – von diversen Interessengruppen zusammengebastelt –, wie das alles im Eigenverlag abzuspulen sei. Eine wahre Schnapsidee. Solche Praktiken gehörten schlicht verboten. Auch aus dieser Perspektive gilt, was Voltaire, ein großer Geist Frankreichs, dereinst gelassen aussprach: Man sollte mehr misstrauisch gegen Bücher sein. Der Spruch könnte glatt von mir sein.

***

Was halten sie von Buchmessen? Gehen Sie da ab und zu oder regelmäßig hin? Etwa gar der Bücher wegen oder einfach wegen des Rummels, der Atmosphäre? Na, wie auch immer. Mich werden Sie dort mit Sicherheit nie antreffen. Das fehlte noch. Verlag dicht an Verlag und zigtausende Bücher auf einem Haufen. Mein weitschichtiger Verwandter väterlicherseits ist ein notorischer, ein leidenschaftlicher Besucher solcher Großveranstaltungen rund ums Buch. Bei den Messen in Frankfurt, Leipzig und Wien ist er beinahe Stammgast. Dafür hat er sowohl Zeit als auch Geld parat. Wenn ich ihn deswegen gelegentlich aufziehe, gibt er wenigstens zu, dass es dort kaum möglich sei, sich einen Überblick zu verschaffen. Man könne nur ein wenig gustieren und natürlich ganz aktuelle Bücher erwerben. Der Tanz um das berüchtigte „Goldene Kalb“ von abertausenden Menschen. Sinn macht das für mich nicht.

***

Werfen wir doch einmal gemeinsam – so Sie das wollen – einen Blick auf den Bücherzoo. Welche Gattungen, Untergattungen, Arten oder Spezies kommen da vor? Selbstverständlich ohne Anspruch auf Vollständigkeit können wir einige ixbeliebig herausgreifen. Ich bin schließlich alles andere als ein Experte oder Spezialist in solchen Sachen. Vielmehr habe ich dies und jenes irgendwo aufgeschnappt, beispielsweise in Gesprächen mit meinem entfernten Verwandten väterlicherseits oder meiner Bekannten aus dem Verlagsgeschäft. Sie sind sowohl ihm als auch ihr bereits mehrfach in Schilderungen begegnet. Auf geht's. Vorauszuschicken wäre nur noch, dass es natürlich über die Welt verstreut verschiedene Bücherzoos gibt. Aber das soll uns zunächst nicht kümmern. Wir gehen die Sache nach eigenem Gutdünken an.

*

Da wäre einmal die Belletristik. Ich liebe den Klang dieses Wortes: Belletristik. Die schöne Literatur also, wie ich mich schlau gemacht habe. Im Buchhandel werden dazu die verschiedenen Formen der Unterhaltungsliteratur gezählt, etwa Romane und Erzählungen. Diese sowie viele weitere Genres – wenn Sie mir das Fremdwort gestatten – fallen unter diesen Überbegriff. Sicherlich kann man auch Gattung, vermutlich auch Fach oder Segment oder Kategorie sagen. Ist ja nicht so wichtig. Einigen wir uns doch für unseren Rundgang der Einfachheit halber auf „Käfig“. Vor diesem Käfig stehen jedenfalls immer am meisten Leute. Das ist übrigens in allen Ländern weltweit dasselbe. Warum dem wohl so ist, bleibt Ihrer fachkundigen Beurteilung überlassen. Darüber wollen wir uns hier nicht unterhalten. Solche Ausschweifungen sind keinesfalls vonnöten.

*

Die Kinder- und Jugendbücher sind gesondert zu betrachten. Auch dieser Käfig ist gut besucht. Er steht in der Beliebtheitsskala an zweiter Stelle, wie ich von einem freundlichen und gesprächigen Zoowärter aus dem Nachbarort erfahren habe. Von Märchen bis zu Abenteuergeschichten spannt sich hier der Bogen. Ob die Schulbücher auch dieser Spezies zugeordnet werden, entzieht sich meiner Kenntnis. Oder sind diese einer eigenen Kategorie zugeteilt? Ich habe mich aus mangelndem Interesse nicht danach erkundigt. Wahrscheinlich sind Sie darüber eh besser informiert als unsereins. Dort soll übrigens gegenwärtig, wie man hört, ein wilder Konkurrenzkampf toben. Mir kommt dazu die Aussage „meiner“ kritischen Grundschullehrerin wieder in den Sinn, wonach

Schulen von neuen Büchern und Lernmaterialien regelrecht überschwemmt würden. Seltsam, nicht?

*

Die wissenschaftlichen Abhandlungen werden jedenfalls in einen separaten, gut überwachten Käfig gesperrt, einen mit mehreren Unterteilungen. Aus Sicherheitsgründen überwachen ihn sehr strenge Wärter und Wärterinnen. Wenn ich mich nicht völlig am Holzweg befinde, fahnden sie besonders scharf nach Plagiaten. Den heimlichen Abschreibern und Ideendieben, den sogenannten Plagiatoren, werden diese unnachsichtigen Hüter der reinen Wissenschaft regelrecht zur Plage. Vor diesen Käfigen ist der Publikumsandrang gewöhnlich nicht sehr stark. Dafür gibt es sehr ausdauernde und häufig wiederkehrende Besucher wie Besucherinnen. Manche von denen bleiben auch ganz gerne unter ihresgleichen.

*

In einem eigenen, weitläufigen Gehege mit zahlreichen unterschiedlichen Volieren und Käfigen unterschiedlicher Größe existieren die Sachbücher. Was es da nicht alles zu bestaunen – oder sollte ich sagen zu bedauern? – gibt. Gar nicht so einfach, sich in diesem Irrgarten zurechtzufinden. In einem relativ unscheinbaren, kleinen Käfig hocken die kritischen Sachbücher, wohl in der traurigen Vorahnung oder Erfahrung, dass sie keineswegs der Hit sind und schlechterdings nur recht bescheidenes Interesse beim Publikum erwecken. Sie schmollen ein wenig, weil sie in der Unwissensgesellschaft mit zahlreichen anderen Spezies nicht mithalten können. Da erfreuen sich Reise-, Städte-, Gastronomie- sowie andere Führer schon weit größerer Beliebtheit. Sie plustern sich eingedenk ihrer vermeintlichen Bedeutung ganz gerne in den Volieren auf und zeigen ein erstaunliches Imponiergehabe. Nicht wenige Besucherinnen wie Besucher lassen sich dadurch blenden. Solche Bücher sind ebenso in Mode wie Kochbücher oder diverse Ratgeber, auf die ich noch extra zu sprechen komme. Die Spezies „Kritische Sachbücher" hingegen scheint allmählich vom Aussterben bedroht. Man sollte sie unter Naturschutz – oder Kulturschutz – stellen.

*

Die ziemlich ausufernde Ratgeberliteratur hingegen liegt – wie bereits angedeutet – im zeitgeistigen Trend. Diese Spezies, die sich erst in den letzten Jahrzehnten voll entfaltet hat, zieht jüngere und ältere Menschen beiderlei Geschlechts an.

Obwohl unter den Besuchern zugegebenermaßen deutlich mehr Frauen zu finden sind. Sie beackert ein weites Feld. Dieser Käfig ist oft überfüllt und die Insassen streiten sich mitunter ums Futter, was viele Schaulustige eher amüsiert, zumindest in keinster Weise zu stören scheint.

*

Die folgende Art habe ich bereits in anderem Zusammenhang kurz angesprochen: die Kochbücher. Sind sie nicht auch in gewissem Sinne Ratgeber? Werden darin doch allerlei Rezepturen zum Nachkochen vorgeschlagen und beschrieben. Der eigene Einfallsreichtum, die Kreativität sowie die Freude am Experimentieren werden dadurch eher untergraben. Von der internationalen Küche über die erlesensten Speisen für wahre Feinschmecker bis zu schnellen und einfachen Gerichten wird alles geboten. Meine Lust am Kochen wird dadurch leider nicht gesteigert. Erlauben Sie mir dazu ein kleines Bonmot. Wie sagte doch gleich die junge Frau meines frisch vermählten Arbeitskollegen zu ihm, bevor sie aus der Wohnung entfleuchte: „Mein Schatz, dein heutiges Mittagessen steht im Kochbuch auf Seite acht.“

*

Die Spezies Reiseführer und Reiseberichte wurde ebenfalls schon, als unter den Zeitgenossen wie Zeitgenossinnen recht beliebt, erwähnt. Manche verschlingen solche Bücher regelrecht. Oft bleibt es dann dabei. Das ursprüngliche Vorhaben, auf eine Reise zu gehen, wird verworfen. Man bleibt daheim. Vielleicht tritt der eine oder die andere, inspiriert durch das Gelesene, dann wenigstens eine Reise in Gedanken an. „Armchair-travelling“ oder „Sofa-travelling“ heißen solche Reisen, die nur in der Phantasie stattfinden, nicht ganz unpassend im Englischen.

*

In zwei unmittelbar nebeneinander liegenden hohen, geräumigen Käfigen – eher sollte man wohl von Volieren sprechen – mit den Beschilderungen „Mystery & Fantasy“ respektive „Science Fiction“ ziehen allerhand mysteriöse Kreaturen, Phantasievögel, Zukunftsvisionen, Illusionen und Fiktionen ihre Kreise in der Luft. Eine ziemlich bunte Gesellschaft. Nebst rasanten Fliegern und schneidigen Fegern tummeln sich auch unbeholfen flatternde Geschöpfe. Ziemlich schrille Töne sind da zu hören. Während sich manche nur recht schwerfällig vom Boden erheben, scheinen andere am liebsten ins Unendliche entfleuchen zu wollen.

Das fasziniert die reichliche Besucherschar ganz besonders. Bedauerlicherweise hätten die Insassen dieser beiden Volieren in der Regel keine lange Lebensdauer, wie mir erzählt wurde. Dafür würden sie stets von neuen Individuen bevölkert.

*

Hinter dicken Gitterstäben toben sich drei entwicklungsgeschichtlich verwandte Spezies aus: Horror, Krimi und Thriller. Auch sie durchaus ein Publikumsmagnet. Allerdings ziehen sie eher einen ganz bestimmten Personenkreis an. Da gibt es Schauder erregende, sich wild gebärdende Exemplare sowie hinterlistige Typen, aber auch solche mit stolzem Gehabe, vornehmen Getue oder allerlei Starallüren. Diese Arten strotzen eingedenk ihrer Beliebtheit gewöhnlich vor Selbstbewusstsein. Häufig verstehen sie es, die Leute vorzuführen oder an der Nase herumzuführen. Hinterlist ist ihre Stärke, Nervenkitzel zu erzeugen, ihr Metier. Auch in Angst und Schrecken versetzen sie ihre Klientel mit Schadenfreude. Allerdings demaskieren sich so manche Typen früher oder später als angeberische Hochstapler, substanzlose Schaumschläger sowie oberflächliche Blender. Selbst falls deren Anhängerschaft das durchschaut, scheint sie ihnen trotzdem treu zu bleiben. Eigentlich völlig irre in meinen Augen.

*

Für mich die ausgefallenste Art sind die Hörbücher, eine noch eher jüngere Spezies. Die braucht man offensichtlich nicht zu lesen. Man kann selbige anhören. Wohl aus diesem Grunde ziehen sie immer mehr Besuchen an, die diesem Ohrenschmaus – so es denn einer ist – frönen. Sieh einer an, was es im Bücherzoo mitunter für exotische Exemplare gibt. Bücher zum Anhören, um das Lesen zu überwinden. Wie innovativ dieser Gedanke doch dereinst war. Wer die Hörbücher füttert, ist mir nicht bekannt. Allerdings erhalten sie, wie man sich erzählt, sehr unterschiedliches Futter. Ob es immer wertvolle Nahrung ist, wage ich zu bezweifeln. Entscheidend ist jedenfalls auch bei ihnen, was letztlich herauskommt; zeitgeistig würde man wohl vom „Output" sprechen.

**

Natürlich sind auch die Bücherzoos nicht alle exakt nach demselben Schema eingerichtet. Die Gehege, Käfige, Volieren, Terrarien sind mehr oder weniger unterschiedlich angelegt und bestückt. Der Zoo von „Amazon" beispielsweise zeigt folgende Gattungen und Spezies, für die er im Internet unter dem Aufmacher Genres oder Buchkategorien um Publikum wirbt: Literatur, Gegenwartsliteratur, Krimi, Thriller, Mystery & Fantasy, Liebesroman, Frauenroman, (Männerromane werden interessanterweise nicht gehalten), Historischer Roman, Jugendroman, Sachbuch, Ratgeber, Geschenkbuch, Humor, Hörbuch, Buch-App, E-Book. Falls da noch weitere waren, sind sie mir nicht aufgefallen.

**

In einem anderen Internet-Zoo, in dem Bücher gehalten werden, wiederum gibt es zu bestaunen: Biographie (in einem abwechslungsreich gestalteten Terrarium zu beobachten), Chick-lit (eine ziemlich junge Spezies, die Frauen und Mädchen anlockt), Romane mit den Subspezies erotische Romane, historische Romane und Liebesromane (in einem weitläufigen Gehege – mit mehreren Trennwänden versehen – untergebracht, teilweise für Jugendliche nur schwer zugänglich), Fantasy (gleichsam schwebend in einer luftigen, großzügigen Voliere), Horror und Thriller (gemeinsam in einen Käfig gesperrt), Krimi (erstaunlicherweise davon separiert in einem eigenen Käfig), Humor (sich in einer farbenfrohen, aber nicht sehr großen Voliere austobend), Kinderbücher und Jugendbücher (Käfig an Käfig), Klassiker (in einem bodenständige Terrarium zu besichtigen) und schließlich Sachbücher (zusammengewürfelt in einem ziemlich unübersichtlichen, vielgestaltigen Gehege). Der Name dieses Zoos ist mir leider entfallen. Man kann sich ja unmöglich alle merken. Wozu auch?

**

Weitere, in den beiden erwähnten Bücherzoos nicht gezeigte Exemplare wären etwa noch: Comic, Cartoon, Satire, Science-Fiction, Anthologien, Schulbücher. Wobei darauf hinzuweisen ist, dass speziell unter die Gattung „Sachbücher" viele recht unterschiedliche Arten und Unterarten hineinfallen können, etwa Kochbücher, Reiseführer und Reiseberichte, Städteführer, Gastronomieführer, Schulbücher, kritische Sachbücher, eventuell auch Ratgeber und was weiß ich, was sonst noch alles. Ebenso ist das Feld der Belletristik weit aufgespannt. Ohne mich hier verbreitern zu wollen, sei exemplarisch nur kurz angeführt, was Sie zweifellos ohnehin alle wissen. Die Literatur wird seit langem – seit den griechischen Großdenkern, den Philosophen, so ich mich nicht irre – in Epik, Lyrik und Drama(tik) sowie deren Subgenres unterteilt. Zwischenbemerkung: Da sich *Unter*gattungen mit *unter*teilt reiben würde, sah ich mich diesmal genötigt, das Fremdwort „Subgenres" zu verwenden. Gewissen Zwängen stilistischer Art kommt auch unsereiner gelegentlich nicht aus. Heute wird mitunter die Sachliteratur den drei althergebrachten Gattungen beigestellt. Das Drama umfängt seit jeher Tragödie und Komödie. Freilich könnten wir hier noch eine Weile weitermachen, bis uns schwindelt. Keinesfalls werde ich das riskieren. Damit wir uns nicht verlieren, lasse ich es dabei bewenden. Habe ich da den einen oder die andere aufatmen gehört?

**

Nicht dass Sie am Ende gar glauben, ich habe persönlich solche Bücherzoos besucht. Nein keineswegs. Dafür ist mir meine Zeit wirklich zu schade. Das sei hier wiederholt betont. Daran darf auch nicht nur der Hauch eines Zweifels bestehen. Aber ein wenig Hintergrundwissen musste ich mir schon beschaffen. Andernfalls wäre es mir wohl kaum möglich, mein Thema sachgerecht zu argumentieren und zu diskutieren. Ihr allfälliger Vorwurf, der plaudert ja nur ins Blaue, könnte sonst nicht schlüssig widerlegt werden. Alles klar jetzt? – Super!

***

Vielleicht haben Sie bemerkt, dass ich unter allen Exemplaren im Bücherzoo den Hörbüchern noch am ehesten ein wenig Sympathie entgegenbringe, sofern sie einen sinnvollen Inhalt transportieren. Warum dem so ist, liegt auf der Hand. Die braucht man nicht zu lesen. Allerdings gestehe ich Ihnen, noch niemals ein Hörbuch gekauft oder einem gelauscht zu haben. Selbst dazu ist mir die Zeit zu schade. Einen Versuch mag es ja durchaus wert sein. Mal sehen.

*

Apropos „Da braucht man nicht zu lesen". Dazu fällt mir eine nette Episode ein, die ich Ihnen gerne erzählen möchte, da sie eine leicht humoristische Note hat. Stellen Sie sich vor, einmal hat mir eine Freundin zu meinem Geburtstag glatt ein Buch geschenkt. Ich war zunächst ziemlich konsterniert. Sie weiß doch, dass ich keine Bücher lese. Will sie mich etwa auf die Schaufel nehmen? So sinnierte ich vor mich hin. Als ich, noch in Gedanken versunken, den Titel überflog, gab es mir irgendwie einen Ruck. „Was Männer über Frauen wissen", lautete der Aufmacher. Meine Neugierde war urplötzlich geweckt. Ich konnte nicht umhin, auch den Buchcover auf der Rückseite in Augenschein zu nehmen. Und schon erwischte ich mich beim Lesen: „Endlich. Das Geheimnis ist gelüftet." titelte der Klappentext. Heißt es nicht so? Klappentext, oder? Folgendes stand in schwarzen Großbuchstaben über dem in roter Farbe gedruckten Text, den ich Ihnen keinesfalls vorenthalten möchte. Daher erlaube ich mir, ihn hier wortwörtlich wiederzugeben:

ENDLICH.
DAS GEHEIMNIS IST GELÜFTET.

Was Frauen über Männer wissen, erfährt man alle naselang. Was Männer allerdings über Frauen wissen, war schon immer eines der am besten gehüteten Geheimnisse.
Sophie van Berg ist es durch aufwendige und intensive Recherche und in zahlreichen intimen Gesprächen gelungen, das männliche Insiderwissen der weiblichen Leserschaft zugänglich zu machen.
„Was Männer über Frauen wissen" ist eine nie da gewesene, schonungslose und detailreiche Zusammenfassung des Wissens der Männer zum Thema Frau.
Bereits die ersten Seiten werden Sie in Staunen versetzen. Hier erfahren Sie alles, was Männer über Frauen wissen – weiß auf weiß!

Na, was glauben Sie – nachdem Sie mich nun schon einigermaßen kennen –, was ich daraufhin getan habe? Richtig! Natürlich habe ich das Buch

in unbestimmter, nicht näher beschreibbarer Erwartung aufgeschlagen. Das gebe ich unverblümt zu. Aber was sehe ich da?! Lauter weiße, unbeschriebene Seiten. Keine Zeile, kein einziges Wort, nicht der Hauch eines Buchstabens. Viele weiße, jungfräuliche Seiten. Einen Moment war ich baff. Dann atmete ich auf und begann – wohlwollend an meine gewitzte Freundin denkend – vor mich hin zu schmunzeln. Ein liebenswertes Schlitzohr.
Sie werden mir als jemanden, der Büchern äußerst reserviert gegenübersteht, wohl nicht ernsthaft unterstellen, Reklame für ein solches machen zu wollen. Das wäre ja völlig absurd. Nichts liegt mir ferner. Allerdings räume ich ein, dass dieses Buch bis zum heutigen Tage mein Lieblingswerk geblieben ist. Schließlich war da nichts zu lesen.

***

Einem ganz wichtigen Gesichtspunkt, den ich bis jetzt ausgespart habe, sollten wir uns unbedingt noch zuwenden. Folgender interessanten Frage nämlich: Warum schreiben Menschen Bücher? Was sind ihre Beweggründe? Warum opfern sie dafür ihre Zeit? Mit Sicherheit gibt es vielfältige Motive oder Triebfedern. Spüren wir diesen in einer Art „Brainstorming" ein wenig nach. Lassen wir unserer Phantasie freien Lauf, aber beziehen wir ebenso unsere Lebenserfahrung mit ein. Dabei mag es zudem hilfreich sein, wenn wir die zahlreichen Gattungen und Spezies des Bücherzoos im Hinterkopf behalten.

*

Manche schreiben Bücher – wie man sogar von namhaften Schriftstellern weiß – zur eigenen Psychokatharsis, also schlicht um sich Luft zu machen, um sich etwas von der Seele zu schreiben. Fallweise auch, um an der Welt oder am eigenen Leben nicht zu verzweifeln. Das mag für diese echt bedauernswerten Individuen mitunter durchaus befreiende oder sogar selbstheilende Wirkung haben. Aber müssen sie damit auch andere Leute belasten oder „beglücken“? Mich jedenfalls nicht.

*

Im Gegensatz dazu behaupten andere – Satiriker, Humoristen, Kabarettisten etwa –, dass sie zur eigenen Erheiterung schreiben und um ihre geneigte Leserschaft zu unterhalten. Auf den ersten Blick ein durchaus hehres Ziel, oder? Inwieweit bei ihnen das Kalkül des Geldverdienens eine große Rolle spielt, sei dahingestellt. Vermutlich haben das aber alle Schreiberlinge – einerlei welcher Provenienz – im Hinterkopf. Hoppla, da ertappe ich mich ja gerade bei einem Fremdwort. Das haben sie augenblicklich gemerkt, was? Na gut. „Herkunft“ oder „Ursprung“ drücken den Sachverhalt, den ich im Sinn habe, leider nicht deckungsgleich aus. Daher mag es in diesem Fall zulässig sein. Ihnen entgeht aber schon rein gar nichts. Ich deute das als Zeichen Ihrer ungeteilten Aufmerksamkeit.

*

Es gibt wohl auch Leute, die aus Sendungsbewusstsein Bücher schreiben mit der mehr oder weniger stark ausgeprägten Absicht, die Welt oder die Menschen oder beides zu verändern, womöglich gar zu retten; vor was auch immer. Dazu fühlen sie sich berufen. An ihrem Wesen soll die Welt genesen. Oder: An ihrem tatsächlichen oder auch nur eingebildeten Wissen soll die Welt genesen. Das trifft den Punkt wohl genauer. Manche gebärden sich, als ob sie den Stein der Weisen gefunden hätten. Dabei überheben sie sich gewöhnlich, ohne es zu bemerken. Ihre häufig zur Schau getragene Besserwisserei ist nervig und überflüssig wie ein Kropf. Mich juckt so was nicht im Geringsten. Viele Mitmenschen schenken dem Gott sei Dank keinen Glauben. So sprach übrigens neulich auch ein bekannter, nicht an eine höhere

Macht glaubender, Zeitgenosse gedankenlos vor sich hin: Ich bin Atheist, Gott sei Dank.

*

Wieder andere wollen nach eigener Auslegung die Öffentlichkeit – oder ihre meist begrenzte Leserschaft – schlicht auf bestimmte in ihren Augen problematische Sachverhalte, Phänomene oder Entwicklungen aufmerksam machen, nicht ohne persönliche Diskussionsbeiträge zu liefern, Vorschläge zu machen und allenfalls Lösungsansätze zu skizzieren. Sofern sie sich auf ihr spezielles Fach, in dem sie wirklich tiptop bewandert sind, beschränken, mag das angehen. Freilich ist es auch ihnen in aller Regel ein Anliegen, etwas zum Besseren hin zu bewegen. Der „Cash“ wird zumindest hintergründig eine Triebfeder sein.

*

Speziell im wissenschaftlichen Umfeld wird zuvorderst aus beruflichem Interesse publiziert. Einerseits, weil es unerlässlich ist, um sich im konkurrenzgetriebenen Wissenschaftsbetrieb zu etablieren und die akademische Karriereleiter hochzuklettern. Andererseits, um die eigenen Theorien, Thesen, Erkenntnisse und Forschungsergebnisse der Öffentlichkeit – in Wirklichkeit zumindest der stolzen „Academic Society“ oder einem beschränkten Insiderkreis – zugänglich zu machen. Hoffentlich legen Sie die gewählte Bezeichnung „beschränkt“ nicht falsch aus. Aber „begrenzt“ ist auch nicht besser, oder? Dass Wissensschaffende ihr Wissen in die Welt streuen – unters Volk wäre realitätsfern –, erscheint logisch. Daraus beziehen sie ja letztlich ihre Legitimation. Natürlich ist damit noch nichts über die Qualität ihrer schriftlichen Veräußerungen ausgesagt.

*

Manche Menschen verfassen Bücher, um damit Geld zu verdienen, um mit den Einkünften aus dem Verkauf ihren Lebensunterhalt zu bestreiten. Hauptberufliche Autoren und Autorinnen sind eine Minderheit. Solche, die einen Bestseller nach dem anderen produzieren, sowieso. Dem Himmel sei Dank, kann ich dazu nur sagen. Deutlich überwiegen da jene, die nebenberuflich schreiben. Und das sind weit zu viele. Wo kämen wir hin, wenn Leute für jeden Blödsinn, der aus ihrer Feder fließt, auch noch Geld einstreifen würden? Diesbezüglich liegt ohnehin noch genügend im Argen.

*

Auf der anderen Seite wären jene Leute zu nennen, die vorgeben aus reiner Langeweile zu schreiben, um sich irgendwie sinnvoll zu beschäftigen. Ja, um Himmels Willen, warum bieten sie dann solches Zeugs irgendwelchen Verlagen an oder bringen es im Eigenverlag heraus? Das ist äußerst zwiespältig und abenteuerlich doof. Nichts dagegen einzuwenden, wenn sie ihre vollgekritzelten Blätter für sich behalten. Dann sollen sie ihre Zeit ruhig auf so unvernünftige Weise verplempern. Sinnvoll ist das allerdings keineswegs.

*

Nicht zu vergessen jene Heerscharen von Schreibenden, die den unbändigen Drang verspüren, ihre irgendwann und irgendwo gemachten Erlebnisse den Mitmenschen mitzuteilen, sie vermittels Buches großzügig daran teilhaben zu lassen. Nun ja, sie ihnen feilzubieten oder aufzudrängen, käme der Wahrheit wohl näher. Ob es sich dabei um traumatische Ereignisse, Krankengeschichten, erlebte Unglücksfälle, Abenteuer jeglicher Art, um Reiseberichte oder ähnliches handelt – stets wird damit Außergewöhnliches suggeriert, das ungemein wertvoll sei und jedenfalls gelesen werden müsse. Zudem biete das Erzählte Hilfestellungen oder gar Wegweisungen für das eigene Leben an. Wieder so ein bodenloser Humbug. Stößt das eigentlich niemandem sauer auf? Was mag Leuten abgehen, die solches lesen?

*

Und somit landen wir bei den selbsternannten oder aufs Podest gestellten Ratgebern und Ratgeberinnen, bei denen eine gewisse Angeberei durch die aufwendigen Inszenierungen und Verblendungen trotzdem oft durchleuchtet. Sie gebärden sich gerne selbstlos, als absolute Gutmenschen – verzeihen Sie mir dieses Unwort, aber an dieser Stelle muss es ausnahmsweise herhalten –, die ihre überreiche Erfahrung sowie ihr enormes Wissen den Mitmenschen großherzig zur Verfügung stellen. Da kriegt der Mammon ja einen regelrechten Lachanfall. Ohne bare Münze geht rein gar nichts. Der Rubel muss schließlich rollen. Na, fällt jetzt der Groschen? Dazu braucht unsereins keinen Börsen- oder Finanzratgeber lesen. Der gesunde Menschenverstand reicht hierzu allemal. Eins und eins werden wir ja wohl noch zusammenzählen können.

*

Um unsere diesbezüglichen Überlegungen abzurunden, sei abschließend noch auf jene Schreibbeseelten hingewiesen, die andere Menschen, die breite Öffentlichkeit, gerne an ihrem ganz privaten Leben teilhaben lassen, indem sie ihre Memoiren oder ihre Autobiographie veröffentlichen. Was mag sie wohl dazu treiben? Ihre Bekanntheit? Ihre Berühmtheit? Ihr Ego? Ihr übersteigertes Mitteilungsbedürfnis? Ihr fortgeschrittenes Alter? Das Begehren von Verlagen? Die Aussicht auf zusätzliche Einnahmen? Oder was? Warum fühlt sich jemand veranlasst, die Privatsphäre vor einer unbekannten Leserschaft auszubreiten, intime Details zu enthüllen, zarte Geheimnisse zu lüften? Und das in den allermeisten Fällen auf einer schieren Unmenge von Buchseiten. Da gebricht es gewaltig an Vernunft, sowohl bei den Verfassern als auch bei der Leserschaft. Für mich jedenfalls völlig inakzeptabel.

***

Nicht selten neigen gerade jene Autoren und Autorinnen, die ganz dicke Wälzer verfassen, dazu, häufig in wiederkäuender Weise auf bestimmte Ideen oder Sachverhalte zurückzukommen. Ihre Gedanken bewegen sich gleichsam wie in einem Kreisverkehr, sodass sie auch im Kreis schreiben. Sich wiederholende Themen werden mit reichem

Wortschwall übergossen. Mitunter drohen sie darin regelrecht zu ertrinken. Laut Johann Gottfried Seume, den ich in meiner Zitaten-Schatztruhe – Sie erinnern sich – gefunden habe, verwendeten die meisten Bücherschreiber – so sein schriftstellerisches Urteil – eine ungeheure Gelehrsamkeit, um nichts zu sagen. Gelehrsamkeit ließe sich schnurstracks durch Wortschwall oder Wortlawine ersetzen. Als Insider wird er das wohl richtig beurteilt haben. Selbst Voltaire – um einen weiteren Schreibexperten ins Treffen zu führen – hat offen eingestanden, dass ihm alle Bücher zu lang seien. Ich sehe keinen Grund, daran zu zweifeln, dass sie über die Jahrhunderte herauf korrekt zitiert wurden. Teile ich doch deren Aussagen auf Punkt und Beistrich.

***

Zum Stichwort „dicke Wälzer“ dämmert mir übrigens eine Erinnerung herauf, die ich lange Zeit verdrängt habe. Sie haben gewiss längst realisiert, dass ich niemals bereit bin, Geld für Bücher aus dem Fenster zu werfen. Gerade deswegen werden Sie verstehen, wie schwer folgendes Eingeständnis meinerseits wiegt. In meiner Jugend ist es einem findigen Buchvertreter gelungen, mir ein Lexikon aufzuschwatzen, die Brockhaus Enzyklopädie in 25 Bänden – 20 Bände von A bis Z plus ein Band mit Karten plus vier Bände mit Ergänzungen. Na bravo! Ein teurer Spaß, wie Sie sich vorstellen können, zumal für einen Burschen ohne festes Einkommen. Meine Wut wuchs mit jedem Exemplar, das monatlich eintrudelte. Und ich hatte pünktlich zu löhnen. Da war ich in einem unbedachten Moment ganz ordentlich ins Fettnäpfchen getreten. Warum war ich diesem Rattenfänger in die Falle gegangen? Wie kann man sich eine ganze Enzyklopädie andrehen lassen? Aus heutiger Sicht für mich absolut unverständlich. Der jugendliche Leichtsinn hatte sich da wohl Bahn gebrochen. Heute bin ich damit insofern im Reinen, als das umfangreiche Werk inzwischen fast schon Sammlerstatus erreicht hat. Optisch gibt das Ganze ja durchaus was her. Die 25 schweren, dicken Schwarten in dunkelblauen Umschlägen mit zigtausenden sowohl oben als auch unten vergoldeten Seiten füllen ganze Regale. Sicherlich eine Augenweide für Büchernarren sowie für passionierte Sammler. Aber ansonsten? Gebrauchs- oder nachschlagetechnisch längst ein Anachronismus. Ich gebe zu, dass ich nur äußerst selten in einen der Bände hineingeschaut habe. Da habe ich sie vermutlich öfter abgestaubt.

***

Die Zeit mit ihren neuen Hervorbringungen überholt uns fortlaufend, nur merken wir es gewöhnlich – glücklicherweise? – erst nach einem gewissen Verzögerungsmoment, fallweise schon nach einer Schrecksekunde. Nehmen wir die modernen Datenträger oder Speichermedien zum Exempel. Das, was früher ganze Bibliotheken füllte, kann heutzutage auf immer winziger werdenden Chips gespeichert werden. Noch sind die Lesesäle – wie ich höre – nicht völlig leer. Aber auf absehbare Zeit werden sich Bibliotheken vermutlich langsam in Museen verwandeln. Oder sehen Sie das etwa anders?

***

Manchmal wundere ich mich, wo überall man lesende Menschen antrifft. Mitunter an den seltsamsten Orten. Lesebesessene können – wie mir ein Betroffener versicherte – nicht einmal am stillen Örtchen davon lassen. Naja, wie dem auch sei. Jedenfalls möchte ich betonen, dass ich es als besondere Unsitte empfinde, wenn jemand während des Essens liest oder auch während eines gemeinsamen Frühstücks. Eine ungute Marotte. Sonst mögen es die Leute halten, wie es ihnen beliebt. So lesen sie – um nur ein paar Orte herauszugreifen – im Kaffeehaus, wo ich persönlich mich lieber mit anderen unterhalte; in Wartezimmern –

etwa in Arztpraxen –, wo ich lieber meinen Gedanken nachhänge; im Zug, wo ich lieber die durchquerte Landschaft betrachte; in der U-Bahn und im Bus – dort mitunter sogar im Stehen –, wo ich lieber Menschen beobachte oder einfach abschalte; am Strand, wo ich weit lieber relaxe und schwimmen gehe; im Bett, wo ich persönlich lieber … schlafe. Aber auch hier gilt: Jedem das Seine. Jeder das Ihre. Besonders coole Typen – respektive solche die sich dafür halten – prahlen gerne darüber, dass sie am Arbeitsplatz ganz locker nebenbei allerhand lesen, von Zeitungen bis hin zu Online-Medien. Was für tapfere Maulhelden.

***

Von fanatischen Lesern oder Leserinnen bekommt man mitunter Aussagen, wie die folgenden etwa, zu hören: „Ich lese leidenschaftlich gerne“. Einfach zum Abwinken, nicht wahr? Bedenkt doch, was die alten Lateiner schon klar benannten: Nomen est Omen. Jede Leidenschaft schafft Leiden. Oder: „Ich verschlinge die Bücher regelrecht“. Kopfschüttelnd denke ich mir: Wenn sie sich nur nicht verschlucken oder den Magen verderben. Oder: „Ich bin ganz heiß aufs Lesen.“ Da läuft es mir kalt über den Rücken. Oder: „Bücher sind meine allerbesten Freunde“. Oh, ihr armen, bedauernswerten Wesen, mangelt es euch an echten Weggefährten aus Fleisch und Blut? Das ist ja zutiefst Mitleid erweckend. Solche Gedanken gehen mir bei derartig eklatanten Übertreibungen durch den Sinn. Allen solcherart schwärmenden Zeitgenossen und Zeitgenossinnen sei ins Stammbuch geschrieben: Durchs Lesen wird die Welt gewiss nicht genesen.

***

Haben Sie schon einmal Menschen beim Lesen genau beobachtet? Das kann mitunter sehr aufschlussreich, geradezu erleuchtend sein. Erleben sie eine Art Flowgefühl, in dem sie voll versinken und die Welt um sich herum regelrecht vergessen? Bei Kindern lässt sich diese tiefe Versunkenheit, das vollkommene Aufgehen im Spiel manchmal beobachten. Den Eindruck hatte ich bei Lesenden kaum einmal. Im Gegenteil scheinen mir die meisten eher ablenkbar, mäßig konzentriert, zerstreut bis unruhig. So richtig im Lesen sowie im Gelesenen zu versinken, schaffen nur wenige. Ob das daheim in den eigenen vier Wänden besser gelingt, bleibt dahingestellt. Ich habe da so meine Zweifel. Bei Leuten, die etwa im Bus oder in der U-Bahn lesen, beschleicht einen manchmal die Vermutung, dass sie durch den Blick in ein Buch oder in ein anderes Printmedium eher sicherstellen wollen, nicht angesprochen zu werden. Selbst dafür müssen Bücher oder Zeitungen fallweise herhalten. Das wage ich aufgrund meiner Eindrücke allemal zu behaupten. Heutzutage schauen die meisten allerdings lieber gebannt auf ihre Handys, die ja inzwischen alle Stücke spielen. Übrigens: Smartphones veraltern gegenwärtig offensichtlich noch weit schneller als neu verlegte Bücher. Die Sucht nach dem Allerneuesten lässt grüßen.

**

Warum übrigens, meinen Sie, legen viele Menschen Lesezeichen in ihre Bücher? Vermutlich wohl, weil sie das jeweils Gelesene nur oberflächlich aufnehmen. Die Inhalte erreichen oft nicht einmal das Kurzzeitgedächtnis. – Es lebe die Lernpsychologie! – Sie benetzen höchstens zart das Ultrakurzzeitgedächnis. So etwas soll es auch geben. Das gängige Argument, ein Lesezeichen ermögliche, die Seite auf Anhieb zu finden, wo man letztens stehen geblieben sei, dient wohl mitunter als – immerhin glaubwürdiger – Vorwand. Dafür gebe es solche oft kunstvoll gestalteten Zeichen ja schließlich, wird jeglicher anders lautenden Vermutung entrüstet entgegengehalten. Und immerhin sei das vernünftiger, als Seitenecken einzuknicken oder anderweitige Markierungen vorzunehmen. Alles korrekt so weit. Aber Hand aufs Herz, steckt da nicht trotzdem ein Körnchen Wahrheit drinnen? Wenn Sie's zugeben, fällt Ihnen kein Zacken aus der Krone.

**

Überhaupt ist festzustellen, dass nach der jeweiligen Absicht sowie dem Intensitätsgrad und Aufmerksamkeitsniveau verschiedene Formen des Lesens unterscheidbar sind. Bei weitem überwiegt heutzutage sicherlich das rasche Drüberlesen, das Überfliegen – mit den Augen nämlich –, wie es recht treffend heißt. „Reading for gist" nennen die Engländer dieses Überblickslesen. „Reading for detail" meint das genaue Lesen im Detail. Selbst wo dieses präzise und aufmerksame Lesen dringend erforderlich wäre – etwa bei Vertragstexten, Bedienungsanleitungen, Rezepten – zeigt sich, dass dem von erstaunlich vielen Mitmenschen der nötige Ernst geschuldet wird. Auch bei solchen Schriftstücken wird allzu oft nur locker-lässig-leichtsinnig drübergeschaut, mit der unausweichlichen Konsequenz, schwerwiegende Fehler zu begehen. In der Patsche sitzend, weil manches überlesen respektive das Kleingedruckte übersehen wurde, ist Heulen und Zähneknirschen angesagt. Zu spät. Wer zu spät kommt – vielleicht auch zu früh –, den bestraft die Geschichte (oder das Leben). Heißt es nicht so?

*

Gedankenverlorenes Lesen ist jedenfalls völlig nutzlos. Schon der begnadete, scharfzüngige Prediger Abraham a Santa Clara betonte seinerzeit, dass das bloße Lesen ohne Nachdenken nichts helfe. Ganz volkstümlich bringt ein deutsches Sprichwort aus meiner Schatztruhe dieses Faktum auf den Punkt: Viel lesen und nicht durchschauen ist wie viel essen und übel verdauen. Nicht schlecht. Da staunen Sie gewiss, was den wortgewandten Deutschen alles einfällt. Auf einem Kalenderblatt las ich folgenden krausen Werbeslogan eines Spezialinstituts für das Erlernen des Schnelllesens: „Zeit ist Geld. Lesen Sie jetzt, begreifen Sie später!“ Mir dreht es bei derlei Schwachsinn fast den Magen um.

*

Das „Zwischen-den-Zeilen-Lesen“ sei hier noch erwähnt. Damit ist die Fähigkeit gemeint, auch die latenten Sinnstrukturen zu erfassen, welche im Text ungesagt mitschwingen, die Botschaften also, die oft unterschwellig mittransportiert werden. So etwas will gelernt sein. Zudem bedarf es des

nötigen Wissens, reichlicher Erfahrung sowie einer entsprechenden Auslegungskunst.
Apropos „Zwischen den Zeilen lesen". Dazu fällt mir ein Schwank aus meiner Schulzeit ein, den ich Ihnen hiermit zum Überschnaufen oder zur Erheiterung gerne erzähle: Da sich schnell herausstellte, dass ich kein Großmeister der lateinischen Sprache werden würde, behalf sich unsereins mit gewissen Kunstkniffen – Sie wissen gewiss, was ich meine –, um die Erfordernisse der Sprache zu stemmen, zumal bei Übersetzungsaufträgen und Schularbeiten. Beispielsweise schrieb ich mitunter die deutschen Übersetzungen vorbeugend schon zuhause über die lateinischen Texte. Als meine mündliche Übersetzung einer recht schwierigen Stelle unserem Herrn Professor einmal wohl zu glatt erfolgte, bemühte er sich zu mir, um einen prüfenden Blick in mein Buch zu werfen. „Siehe da!" – rief er ziemlich baff. – „Der feine Herr hat ja Interlinearversionen!" Eine andere Art, zwischen den Zeilen zu lesen.

***

Wir wollen noch einen Blick auf die Bedeutungsvielfalt des Begriffs „Lesen" werfen. Der zweifellos gängigsten Art galten ja alle unsere bisherigen Überlegungen. Zum einen gibt es das Substantiv „Lesung", das in unterschiedlichen Kontexten verwendet wird. Lesungen etwa im Rahmen von Buchpräsentationen wurden bereits recht ausführlich beleuchtet. Gesetze müssen in erster und zweiter Lesung durchs Parlament gebracht werden, bevor sie rechtskräftig sind. Im Gottesdienst gibt es Lesungen, wo Bibelstellen von Lektoren oder Lektorinnen der Pfarrgemeinde laut vorgelesen werden. An den Universitäten, Hochschulen und Akademien besuchen die Studierenden Vorlesungen. Während die echten Kapazunder, die ihr Metier von der Pike auf beherrschen und alles abrufbar im kleinen Finger haben, weitgehend frei vortragen, halten sich die anderen notgedrungen eng an ihr Skriptum, aus dem sie mehr oder weniger wörtlich vorlesen. Warum ist das eigentlich die weit überwiegende Mehrheit? Sollte uns dieses Faktum nicht zu denken geben?

*

Das Verbum „lesen“ lässt sich mit zahlreichen Vorsilben paaren: durchlesen (etwa ein Informationsblatt), vorlesen (etwa ein Märchen), nachlesen (etwa ein Rezept in einem Kochbuch), darüberlesen (etwa ein Inhaltsverzeichnis überfliegen), überlesen (etwa eine Fußnote), mitlesen (etwa in einem Lehrbuch während des Unterrichts), einlesen (etwa in ein Thema), auslesen (etwa ein begonnenes Buch), ablesen (etwa den Strom- oder

Wasserzähler), verlesen (etwa eine Proklamation). Bei Gericht werden Anklageschriften sowie nach Verhandlungen Urteile verlesen, bevor der Hammer fällt. Sollten Ihnen dazu noch andere Kombinationen oder Assoziationen einfallen, so spricht das durchaus für Sie. Wir wollen es aber wahrlich nicht übertreiben.

*

Das Querlesen – in Anlehnung an das Querdenken – möchte ich meinerseits jedoch unbedingt noch erwähnen. Diese Lesart benützen – wie mir glaubhaft versichert wurde – unter anderen Lektorinnen oder Lektoren, um den schieren Haufen an eingesandten Manuskripten zunächst auf die Schnelle zu sichten und auszusortieren. Manche argwöhnen, dass sich auch Universitätsleute bei der Beurteilung von Seminararbeiten mitunter nicht ungern dieser Methode bedienen. Ob solches Lesen hin und wieder gleichsam in ein Lotteriespiel nach dem Zufallsgenerator ausartet, bleibt Ihrer Erfahrung anheimgestellt. Jedenfalls erfordern alle Arten des Korrekturlesens im Unterschied zum Querlesen höchste Genauigkeit, einerlei ob etwa Lehrkräfte Arbeiten verbessern oder ein zur Publikation vorgesehenes Manuskript im Lektorat den letzten Schliff erhält.

*

Schließlich kennen wir beispielsweise noch das Auflesen im Sinne von etwas zusammenklauben, aufheben, vom Boden entfernen oder das Auslesen – die Guten ins Töpfchen, die Schlechten ins Tröpfchen. Das Hineinlesen sowie Herauslesen meinen unsere je eigenen Deutungen oder Interpretationen, die wir einem Text unterlegen, vielleicht auch zuschieben. Georg. C. Lichtenberg – deutscher Physiker und begnadeter Aphoristiker – nannte ein Buch ein Druckwerk, aus dem Leser gewöhnlich etwas ganz anderes herauslesen, als der Autor hineingeschrieben hat. Gendergemäß kann es sich natürlich auch um Leserinnen sowie um eine Autorin handeln. Das weibliche Geschlecht darf da keineswegs auf der Strecke bleiben, nicht wahr meine Herren? Stellen die Damen doch angeblich gegenwärtig die klare Mehrheit der Leserschaft. Keine Auszeichnung, oder?

*

Das Kartenlesen als überaus wichtige praktische Fertigkeit darf hier keinesfalls vergessen werden. Legenden samt ihrer Symbolik zu verstehen, ist dazu die erste Voraussetzung. Landkarten, Stadtpläne, Wanderkarten und dergleichen richtig lesen zu können, ist stets hilfreich und erspart so manchen Zores. Ob das in Schulen wohl noch hinreichend gelernt und geübt wird, bleibt zu hoffen. Erst die Übung macht bekanntlich den Meister. Ein solches Lesen macht Sinn.

*

Eine ganz interessante Leseweise ist für mich übrigens das Gedankenlesen, eine besondere Gabe, die man wohl nicht in die Wiege gelegt bekommt. Man muss sich diese Kunst vielmehr geduldig erwerben. Dazu braucht es nämlich tiefe Menschenkenntnis, Einfühlungsvermögen sowie eine gehörige Portion Lebenserfahrung. Ebenso wie für das gefinkelte Fährten- und Spurenlesen sind hierfür Schreib- oder Druckwerke keinesfalls vonnöten. Großes Indianer-Ehrenwort.

**

Ja und dann gibt es auch noch Leute, die sich mit all den genannten Leseformen sowie mit dem Lesen von normalen Texten gar nicht erst begnügen. Sie spezialisieren sich auf das Verschlüsseln und Entschlüsseln von Informationen, gehen also dem Geschäft – pardon der Wissenschaft – der so genannten Kryptologie nach. Sowohl das Schreiben als auch das Lesen von geheimen Botschaften hat den „Homo sapiens sapiens“ – wie er sich selbstgefällig gerne nennt – von jeher fasziniert. Die Sprache der Symbole gab es bereits bei den alten Naturvölkern. Sie zu verstehen, war in allen Kulturkreisen stets Auftrag und Herausforderung. Dem Einfallsreichtum waren kaum Grenzen gesetzt. Man denke etwa nur an das Lesen von Rauchzeichen bei den Indianern. Als Königsdisziplin der Symbolsprachen sieht sich heutzutage ja die Mathematik mit ihren Ziffern, Zahlen und Zeichen. Sie sei die Sprache des Universums, erklären ihre beseelten Adepten nicht ohne Pathos. Meinetwegen soll es halt so sein. Der Nimbus des Geheimnisvollen, des scheinbar Unergründlichen hat die Menschheit jedenfalls immer in seinen Bann gezogen. Einerseits wurden dadurch die Neugierde und der Forschergeist befeuert, andererseits rief das stets auch Scharlatane auf den Plan. Aus der Hand lesen, aus Spielkarten lesen oder gar aus der ominösen Kristallkugel die Zukunft herauslesen, erfreuen sich mancherorts – wie unsereins kopfschüttelnd zur Kenntnis nimmt – nach wie vor großer Beliebtheit. Die Raffinierten, Gerissenen haben die Einfältigen, Unbedarften, Naiven von jeher hinters Licht geführt und über den Tisch gezogen. Wird sich das jemals ändern?

**

Sie kennen gewiss einige belesene Menschen, womöglich sind Sie selbst einer von der Sorte. „Belesen" – ein Beispiel für die adjektive Verwendung von „Lesen". Ich vermute, dass manche Leute nur deswegen viel lesen, weil sie selbst nichts zu sagen haben. Vielleicht auch, weil ihnen die Gabe des Zuhörens fehlt. In diesem Sinne könnte man das bekannte Sprichwort „Wer nicht hören will, muss fühlen" umformulieren in „Nur wer nicht (zu)hören will, muss lesen". Laut Sir Arthur Helps – einem englischen Historiker und Essayisten, der in meine bewährte Zitatensammlung Eingang fand – sei Lesen ein geniales Mittel, das Denken zu vermeiden. Recht hat der Mann. Wohin das mitunter führen kann, hat uns der schon erwähnte Herr Lichtenberg in seiner Aussage, wonach uns das viele Lesen nur eine gelehrte Barbarei beschert habe, drastisch vor Augen gestellt. Er wird zweifellos aus den schrecklichen Erlebnissen jener Zeit heraus gewusst haben, wovon er sprach.

**

Ist ihnen folgende Tatsache schon einmal aufgefallen? Wenn man das Wort „LESE" von rückwärts liest, heißt es „ESEL". Ob das purer Zufall ist? Wohl kaum. Die Sprache erweist sich des

Öfteren als tiefgründig und offenbart zudem gelegentlich ihren Witz. Übrigens nichts gegen das angeblich so sture Tier. Aber die sturen oder leidenschaftlichen Lese-Esel sollten sich diese erstaunliche Parallelität hinter die Ohren schreiben. Zumindest kann es nicht schaden, darüber ein wenig nachzusinnen. Übertriebene Leserei ist jedenfalls eine Eselei. Bereits der ehrwürdige römische Politiker und Philosoph Lucius Annaeus Seneca verwies darauf, dass das Lesen vieler Schriftsteller und der verschiedenartigsten Bücher vage und unstet mache. Seine eigenen Schriften nahm er da wohl aus. War er doch einer der meist gelesensten Schreiberlinge seiner Zeit. Das bewahrte ihn übrigens nicht davor, auf Geheiß seines ehemaligen Schülers Kaiser Nero Suizid zu begehen. Auch Lehrer leben mitunter gefährlich.

**

Gewähren Sie mir zur Auflockerung unserer kritischen Betrachtungen, vielleicht auch zu Ihrer Aufmunterung, folgende nicht ganz ernst gemeinte Frage: Steckt mehr Geist in Büchern oder in der Flasche? Vielleicht überlegen Sie jetzt argwöhnisch, worauf ich hinauswill? Schlicht auf eine launige Bemerkung am Rande. Diese bezieht sich auf eine ganz besondere Art des Lesens, die vielerorts im Herbst Hochsaison hat und letztlich

mit Sicherheit zu Geist hinführt: die Weinlese und deren Endprodukt, der Weingeist. Wir sprechen ja übrigens auch von erlesenen Weinen, wenn die Qualität passt. Wein ist Poesie in Flaschen, wie es treffend heißt.
Somit erhebe ich nun zwischendurch das Glas auf Ihr Wohl. Der Humor darf schließlich auch bei ernsten Themen nicht auf der Strecke bleiben. Vielleicht stimmen Sie dem ja zu und genehmigen sich auch ein gutes Tröpfchen.

***

Und nun erlaube ich mir noch einen weiteren Perspektivenwechsel. Gelegentlich erteilen krampfhafte Komiker – selbstverständlich ungefragt – folgenden wohl lustig gemeinten Rat: Bücher soll man ebenso wenig ausborgen wie die eigene Frau, Freundin oder die Lebensgefährtin. Pappalapapp, nichts als skurriles, überflüssiges Geschwätz. Bücher derart aufs Podest zu stellen, ist – selbst als seichtes Späßchen – pure Übertreibung, letztlich blanke Dummheit. Wer darüber auch noch lacht, ist selbst schuld. Komisch mutet es an, wenn sich diesbezüglich kein geringerer als Theodor Fontane dereinst verrannte, wenn er meinte, Bücher hätten Ehrgefühl; wenn man sie ausleihe, kämen sie nicht mehr zurück. Dabei gilt der Mann als bedeutendster deutscher Vertreter des Realismus.

**

Manche schwören Stein und Bein, dass der Umgang mit Büchern Rückschlüsse auf die Person zulasse. Genauer ausgedrückt, dass es einiges über den betreffenden Menschen aussage, wie er oder sie mit Büchern umgeht. Das mag wohl so sein. Vielleicht wird da aber auch mehr hineingeheimst als tatsächlich dahintersteckt. Darüber zerbreche ich mir sicher nicht den Kopf. Ist ja für unsereins gänzlich irrelevant. Ob jemand Bücher pfleglich behandelt oder nachlässig, kümmert mich normalerweise in keinster Weise. Allerdings gibt es diesbezüglich eine gravierende Ausnahme, wo für mich Schluss mit lustig ist. Ich bin gespannt, ob Sie hierbei auf meiner Seite stehen.

**

Buchzensuren und Bücherverbote machen mich immer stutzig. Als kritischer Mensch muss man da hellhörig werden und hinterfragen, was vorgeht. Welche Mächte sind hier am Werke? Welche Interessen spiegeln sich darin wider? Worauf zielt das Ganze ab? Ob es in bestimmten Fällen auch in demokratisch verfassten, pluralen, offenen Gesellschaften zulässig erscheint, ein Schreibwerk zu zensurieren oder schlicht zu verbieten, muss ich Ihrem fachmännischen und fachfraulichen Urteil überlassen. Ein absolutes Tabu sind jedenfalls Bücherverbrennungen. Da packt sogar mich als weitgehend bücherabstinenten Zeitgenossen der heilige Zorn. Wo Bücher brennen, brennen in der Folge oft auch Menschen. Diesen traurigen Zusammenhang hat uns die Geschichte mehrfach schmerzlich vorexerziert. Gegen solche Vorgänge sollten wir uns mit aller Kraft stemmen.

**

Neuerdings lässt sich selbst in einigen Ländern Europas wieder beobachten, wie Medien sogar von demokratisch gewählten Machthabern krass manipuliert und zensuriert, Zeitungen verboten, Journalisten unter Druck gesetzt, bedroht und inhaftiert werden. Die selbstherrlichen Führer samt ihren Stäben beanspruchen das alleinige Meinungs- und Informationsmonopol. Ein schändliches „Spiel" auf Kosten der individuellen Freiheiten, der Menschenrechte und der demokratischen Grundsätze. Ich frage Sie: Was für einen Sinn macht das Lesen von zensurierten Medien? Führt es doch nur zu geistiger Infiltration, zu subversiver Beeinflussung sowie letztlich zur systematischen Ausrichtung des Denkens und weitgehenden Gleichschaltung. Von autoritär-autokratischen

Staaten einmal ganz zu schweigen. Die vermeintlich starken Männer sind ohne ihre Machtapparate oft erstaunlich schwach – und das keineswegs nur charakterlich. Manche obskuren Geister, die dem Größenwahn anheimfallen, mögen Nordkorea als Idealbild vor Augen haben. Wissen sie zufällig, was die Leute dort lesen, lesen dürfen oder gar lesen müssen? Sofern das Lesen der Gehirnwäsche Vorschub leistet, ist es brandgefährlich.

***

Nach diesem sehr ernsten, aber notwendigen Exkurs kommen wir somit noch einmal zurück zur Leserei an sich. Dass viele Zeitgenossinnen und Zeitgenossen leichte bis seichte Lektüre bevorzugen, lässt sich nicht verleugnen. Die so genannte Regenbogenpresse in ihrer ganzen Spannweite und bunten Einfalt verlockt die breite Masse zum Lesen. Bildend wirken die solcherart transportierten Inhalte wohl kaum, höchstens oberflächlich informierend, entspannend, unterhaltend, ablenkend oder auch einschläfernd. Das habe ja auch seine Berechtigung, wie Lesende von derlei Stoff mit dem Brustton der Überzeugung tönen. Ja freilich, klar doch. So bekommt der Normalverbraucher alles ruckzuck serviert, was das Herz begehrt. Soll sein, wenn man sich nicht anders zu behelfen weiß.

**

Wenn dann Leute auch noch erzählen, was sie etwa in Tageszeitungen als Erstes und am liebsten lesen, kommt unsereins aus dem Wundern nicht mehr heraus. Die Todesanzeigen sowie der Sportteil stoßen meist auf allerhöchstes Interesse. Klatsch- und Tratschgeschichten stehen in der Beliebtheitsskala ebenfalls ganz oben. Auch Lokales reüssiert bei der sensationsheischenden Kundschaft. Bei dem ganzen Firlefanz, über den da geschrieben wird, sollten sich einem eigentlich die Haare sträuben. Das Fernsehprogramm – mitunter als eigene Beilage – wird aufmerksam studiert, um in der Glotze nichts zu versäumen. Werbung und Veranstaltungshinweise werden in der Regel so nebenbei mitgenommen. Die politische Berichterstattung hat – wenn man den Beteuerungen der Betreffenden glauben kann – immerhin noch eine gewisse Interessentenschar. Kulturbeiträge finden beim Durchschnittspublikum hingegen weit weniger Anklang. Aus der Wissenschaft ist in solchen Blättern ohnehin kaum etwas zu finden. Manche klopfen ausschließlich die Schlagzeilen auf in ihren Augen vielversprechende Geschichten ab. Dabei wird auch den Bildern große Aufmerksamkeit gezollt. Andere lesen die Zeitung überhaupt von hinten, allerdings meist nur bis zum Sportteil. Sie müssen doch zugeben, dass so ein Leseverhalten zumindest fragwürdig, ja oft geradezu absonderlich anmutet. Von Thomas Jefferson, dem dritten US-amerikanischen Präsidenten, ist folgende bemerkenswerte Aussage überliefert: „Ein Mensch, der gar nicht liest, ist gebildeter als ein Mensch, der außer Zeitungen nichts liest." Auch dieser kluge Satz fand Aufnahme in meine Zitatensammlung.

**

Manche Menschen geben offen zu, dass sie jene Blätter besonders gerne lesen, die auch vor Schmutzkübelkampagnen nicht zurückschrecken, was bis zur Rufschädigung, ja bis zum Rufmord gehen kann. Das Kalkül dabei lautet: Irgendetwas wird schon hängen bleiben. Und geht es nicht in aller Regel auf? Sich an den Schicksalen oder Affären und Skandalen anderer zu ergötzen, scheint groß in Mode. Da kommt Schadenfreude auf. Nach dem Motto „Nur schlechte Nachrichten sind gute Nachrichten" – weil sie den Absatz ankurbeln – werden Schmuddel- und Katastrophenszenarien weidlich aufgegriffen, inszeniert und beschrieben. Sachliche Berichterstattung führt in solchen Druckwerken ein stiefmütterliches Schattendasein. Vorsicht bitte! So ein Lesen kann zur

Volksverblödung beitragen. Wo bleibt nur der Beipacktext mit den Warnhinweisen?
Übrigens sollen auch allerlei Schundromane im Heftchenformat nach wie vor zahlreiche Abnehmer und Abnehmerinnen finden. Billig, handlich, überschaubar, leicht verdaulich. Was will man mehr? So viele Vorteile auf einmal. Wer wundert sich da, wenn solche Heftchen sowohl in einfachen Haushalten als auch in so manchen Pensionen und schlichteren Hotels zuhauf bereitliegen?

***

Heutzutage wird man auch ohne eigentliche Leseabsicht immer wieder von allerlei Lesefragmenten geradezu heimgesucht. Wir haben diesen Sachverhalt ja bereits an früherer Stelle im städtischen Milieu besprochen. Ich möchte dieses Phänomen hier anhand einer kleinen Episode demonstrieren. Unlängst ist mein Blick ganz zufällig auf das Portraitfoto einer attraktiven Frau in irgendeiner herumliegenden Zeitschrift gefallen. Neben der als erfolgreiche Schriftstellerin ausgewiesenen Person stand unübersehbar die Schlagzeile: „Ich schreibe nicht, ich werde geschrieben“. Diese Zeile versetzte mir tatsächlich einen Schlag. Eine starke Ansage allemal, die mich kurz ins Sinnieren brachte. Wie wäre so was nun wieder zu verstehen? Empfindet sich die Frau etwa als Medium, gar als Werkzeug einer höheren Macht? Oder was mag ihr bei einer solchen Aussage sonst vorgeschwebt sein? Kaum zu fassen, was manche Leute so alles von sich geben. Schnell riss ich mich jedoch wieder aus derlei Gedanken. Das war mir einfach zu steil. In salopper Analogie könnte ja jemand ebenso gut behaupten: Ich lese nicht, ich werde gelesen. All das klingt jedenfalls für meine Ohren ziemlich abseitig, zudem irgendwie überheblich. Aber lassen wir das lieber. Solche Spitzfindigkeiten sind schließlich ganz und gar nicht mein Metier.

***

Ich hörte jüngst einen als scharfen, teilweise gefürchteten Kritiker bekannten Sachbuchautor witzeln: „Haben Sie keine Angst vor meinen Büchern!" – so beruhigte er. – „Ungelesen sind sie völlig harmlos." Wow! Nicht schlecht, oder? Dieses Diktum bestätigt nicht zuletzt all jene Zeitgenossen und Zeitgenossinnen, die nach dem Leitspruch leben: Was ich nicht weiß, macht mich nicht heiß. Thomas Woodrow Wilson äußerte seinerzeit, dass er nie ein Buch lesen würde, wenn er die Gelegenheit hätte, sich nur eine halbe Stunde mit dem Mann zu unterhalten, der es geschrieben hat. Ein fürwahr interessanter Gedanke des 28. Präsidenten der Vereinigten Staaten von Amerika.

Ob das gleichermaßen für eine Frau gegolten hätte, muss dahingestellt bleiben. Jedenfalls ist das viele Lesen – zumal die reichlich angebotene schlechte Lektüre – von jeher einer der schlimmsten Zeiträuber.

***

Der für sein loses Mundwerk berüchtigte Harald – genau der Schmidt Harald, Kabarettist, Kolumnist, Moderator und Entertainer deutscher Zunge – gab seine Meinung auch einmal zum Thema Lesen in gewohnter Manier pointiert kund: „Schreiben kann jeder.“ – so unterstellte er – „Aber lesen muss es nicht jeder.“ Genau meine Rede. Wobei sich darüber streiten ließe, was mit Schreiben können gemeint ist. Geht es nur um die Orthografie oder doch um mehr? Zunehmend hapert es ja schon bei ersterem, wie nicht nur von Schulleuten oft geklagt wird. Der Autor und Kolumnist Stefan Rogal hält sowohl das Lesen als auch das Schreiben für eine Flucht – die eine passiv, die andere aktiv. Logisch. Da ist für mich was Wahres dran. Wer viel schreibt oder liest, entzieht sich ja tatsächlich häufig wichtigeren Aufgaben, die dann andere erledigen müssen. Unter diesem Vorwand lässt sich manches elegant umgehen oder delegieren. Sie kennen vermutlich auch einige Leute, die es dabei zu großer Meisterschaft bringen?

***

Hören wir am Ende einmal kurz Michael Ende, der spitzbübisch fragt: „Was tun eigentlich die Personen in einem Buch, wenn es gerade niemand liest?" Können Sie ihm da weiterhelfen? Was tun eigentlich passionierte Schreiberlinge, wenn sie wach sind und nicht schreiben oder Lesefreaks, wenn sie gerade nicht lesen? Hoffentlich nicht noch weitere Zeit vergeuden, sondern leben, so richtig leben und auskosten, was das Leben an Wunderbarem zu bieten hat.

***

Damit wir uns nicht in einer endlosen Argumentationskette verlieren, mache ich jetzt Schluss. Man muss schließlich wissen oder spüren, wann es genug ist, wann ein Thema ausgereizt ist. Eine indianische Weisheit lautet: Erzähl nie nur eine Geschichte, sonst kentert das Kanu. Daher haben wir hier die andere Seite des Lesens betrachtet, gleichsam die zweite, selten gehörte Geschichte erzählt. Meiner Meinung nach haben wir unseren Gegenstand „Lesen und Bücher" recht ordentlich und einigermaßen diszipliniert abgearbeitet. Sollten unsere Überlegungen dazu eventuell in falsche

Hände geraten und missbräuchlich – etwa durch Verschriftlichung – verwendet werden, so beruhigen mich zum einen die Aussicht, dass es nur für wenige Seiten oder Minuten der Berichterstattung reichen würde, und zum anderen die Gewissheit, dass es kaum jemanden interessieren dürfte. Das hat in meinem Sinne durchaus sein Gutes. Die Leute sollten ja – um es noch einmal zu wiederholen – ihre Zeit wirklich für sinnvollere und nützlichere Dinge verwenden. Mit dem einleitenden Zitat – Sie erinnern sich bestimmt – schließt sich nun der Kreis: „Durchs Lesen wird die Welt gewiss nicht genesen."

**

Ich habe übrigens keinen blassen Schimmer, ob Sie mir bis hierher gefolgt sind. Ist ja letztendlich auch egal. Sie oder jemanden anderen von irgendetwas zu überzeugen, war definitiv nie mein Begehren. Sollte dieser fälschliche Eindruck entstanden sein, so bedarf es dieser Klarstellung. Jeglicher missionarische Eifer liegt mir fern. Außerdem wissen wir alle aus Erfahrung: Erwachsene sind zwar lernfähig, aber unbelehrbar. Mir haben unsere gemeinsamen Überlegungen über weite Strecken Spaß gemacht. Das räume ich hiermit gerne ein. Selbst Ihre Bedenken oder Einwände waren meist berechtigt und belebten den Diskurs.

Irgendwo habe ich neulich einen passenden Spruch aufgeschnappt, der unser Unterfangen bestätigt. Sinngemäß lautet er: Mehrere Bücher zu lesen ist nicht so gut – lehrreich, nützlich, wertvoll – wie einem Disput zuzuhören.
Schlussbemerkung: Wie Sie es mit Büchern halten, ist Ihre Sache. Für mich gilt jedenfalls, was ich zusammenfassend gerne ein weiteres Mal betone: Ich schaue in keinen Bücherkatalog, ich gehe weder in Buchgeschäfte noch in Bibliotheken, ich kaufe keine Bücher und ich lese keine Bücher. Punktum!

Was habe ich da gehört? Haben Sie wirklich Oje gesagt? ……? ……? ……? ***Oje??***
Das ist ja unglaublich. Meinen Sie das womöglich gar ernst? Dann kann ich darauf meinerseits nur mit einem tiefen Stoßseufzer reagieren: ***Oje!!!***
Oder vielleicht doch: Gott sei Dank!

Omega

***

Ein kurzer Nachtrag

Beinahe hätte ich übersehen, dass ja vermutlich nicht alle Damen und Herren, die unser Gespräch mitverfolgen, die markige Aussage des vormaligen Wiener Bürgermeisters zur Arbeitszeit der LehrerInnen kennen dürften. Daher diese hier sinngemäß in aller Kürze: Der akademisch gebildete Michael Häupl meinte, dass falls er die Arbeitszeit der Lehrer für sich als Maßstab nähme, er schon dienstags zu Mittag nach Hause gehen könne.
Offensichtlich schätzte der ehemalige Meister der Wiener Bürger und Bürgerinnen seine persönliche Arbeitsleistung enorm hoch ein. Ob da die Zeit für das eine oder andere Gläschen Wein eingerechnet war, müssen sie ihn bei Interesse bitte selbst fragen.

***

Fazit

Da haben wir den Salat. Dass irgendjemand unsere Überlegungen zu Papier gebracht und veröffentlicht hat, ist unnötig wie ein Kropf. Was hat er oder sie sich nur dabei gedacht? Und was noch schlimmer ist: Warum hat das nun doch meine Neugierde geweckt? Habe ich mich als humoriger Junggebliebener womöglich durch die gediegene Widmung verleiten lassen? Unverzeihlich. Ich habe es ja gewusst. Keinesfalls hätte ich dieses Schriftwerk lesen dürfen. Ein unnötiger Fehler.
Ah! Sie also auch? Hat sich meine Ahnung also bestätigt. Habe ich Sie nicht ausdrücklich eindringlich gewarnt? Hätten Sie nur auf mich gehört!

***

Sach- und Wortregister

Im Zuge unserer Überlegungen sind einige Begriffe gefallen, die für all jene hier erklärt werden, die – wie unsereins – nicht sehr tief in die Geheimnisse rund ums Buch sowie in diverse fachspezifische Ausdrücke eingeweiht sind. Durch dieses Service ersparen Sie sich, Ihre Zeit allenfalls mit mühsamem Nachschlagen zu vergeuden. Die Auswahl ist ziemlich willkürlich und sicherlich unvollständig. Dafür bitte ich ein letztes Mal um Ihre Nachsicht.

*

Academic Society: Akademische Gesellschaft (Herbert Molzbichler)

Akronym: Initialwort. Kurzwort, das aus zusammengerückten Anfangsbuchstaben gebildet ist (z. B. UNO für „United Nations Organisation"). (Quelle: DUDEN. Das Fremdwörterbuch).
Wissen sie noch, was „Skippies" sind?

Anglizismus: Übertragung einer für das britische Englisch charakteristischen Erscheinung auf eine nicht englische Sprache. (Quelle: DUDEN. Das

Fremdwörterbuch). Sie kennen ja meine gelegentliche Sympathie für Anglizismen.

Anthologie: (griech.: „Blumenlese"). Ausgewählte Sammlung, Auswahl von Gedichten oder Prosastücken. (Quelle: DUDEN. Das Fremdwörterbuch)

Aphorismus: Ein prägnant-geistreich in Prosa formulierter Gedanke, der eine Erfahrung, Erkenntnis oder Lebensweisheit enthält. (Quelle: DUDEN. Das Fremdwörterbuch)

Autobiographie: (auch Autobiografie). Literarische Darstellung des eigenen Lebens. (Quelle: DUDEN. Das Fremdwörterbuch)

Bonmot: Ein treffender, geistreich-witziger Ausspruch. (Quelle: DUDEN. Das Fremdwörterbuch). Mit einigen wenigen Bonmots habe ich versucht, unsere ernsten Betrachtungen aufzulockern.

Brainstorming: (zu Amerikanisch „brainstorm" = „Geistesblitz"): das Sammeln von spontanen Einfällen, um die beste Lösung eines Problems zu finden. (Quelle: DUDEN. Das Fremdwörterbuch)

Buch-App: Der Begriff „Buch-App" ist meines Wissens nicht eindeutig. In den Online-Stores tragen zahlreiche Apps das Wort „Buch“ oder „Book“ in ihrer Bezeichnung. Die neuen Konzeptionen des Buches durch digitale Technologien reichen inzwischen bereits weit über das E-Book hinaus. Während es sich beim E-Book um ein Dateiformat für elektronische Bücher handele – wie mir ein in solchen Dingen überaus bewanderter Freund erläuterte –, werde eine Buch-App für ein bestimmtes Betriebssystem programmiert. Solche Apps könnten über diverse App-Stores auf mobile Geräte (wie Tablets, iPhones, iPads und andere) mit dem jeweiligen System heruntergeladen werden. So weit konnte ich ihm irgendwie folgen. (Herbert Molzbichler)

Chick lit: (wörtlich etwa „Mädel-Literatur“, sinngemäß: „anspruchslose Frauenliteratur“). Belletristische Literatur, die sich speziell an junge Frauen und Mädchen wendet. „Sex and the City“ würde etwa da hereinfallen.
Das Wort „Chick lit“ setzt sich zusammen aus „chick“, einem umgangssprachlichen und abwertenden Begriff für eine junge Frau, sowie aus „lit“ für „literature“. (Quelle: WIKIPEDIA, die freie Enzyklopädie)

Edutainment: (Kunstwort aus engl. *education* „Erziehung“ und *entertainment* „Unterhaltung“):

Wissensvermittlung auf unterhaltsame und spielerische Weise durch Filme, Fernseh- oder Computerprogramme. (Quelle: DUDEN. Das Fremdwörterbuch).

Enzyklopädie: Übersichtliche und umfassende Darstellung des gesamten vorliegenden Wissensstoffs aller Disziplinen oder nur eines Fachgebiets in alphabetischer oder systematischer Anordnung. (Quelle: DUDEN. Das Fremdwörterbuch).
Sie schmunzeln vermutlich noch immer darüber, dass ich mir im jugendlichen Leichtsinn eine solche habe andrehen lassen.

Infotainment: (Kunstwort aus engl. *information* „Information“ und *entertainment* „Unterhaltung“): Durch Showeffekte, unterhaltsame Elemente aufgelockerte Präsentation von Fakten, Nachrichten o. Ä. (Quelle: DUDEN. Das Fremdwörterbuch).

Kartell: Ein Zusammenschluss insbesondere von wirtschaftlichen Unternehmen (die rechtlich und wirtschaftlich weitgehend selbstständig bleiben). (Quelle: DUDEN. Das Fremdwörterbuch).
Natürlich gibt es auch studentische Verbindungen gleichen Namens. Die lassen wir hier allerdings außen vor.

Katharsis: (griechisch für „Reinigung“). Auch Psychokatharsis: Bezeichnet in der Psychologie die Hypothese, dass das Ausleben innerer Konflikte und verdrängter Emotionen zu einer Reduktion dieser Konflikte und Gefühle führt. Vornehmlich wird von Katharsis gesprochen, wenn durch das Ausleben von Aggressionen, (wie das Schlagen auf einen Sandsack) eine Reduktion von negativen Emotionen (Ärger, Wut etwa) erzielt werden soll. (Quelle: WIKIPEDIA, die freie Enzyklopädie)

Kryptologie: (griechisch „kryptós“ = „versteckt, verborgen, geheim“): Wissenschaft, die sich mit der Verschlüsselung und Entschlüsselung von Informationen und somit mit der Informationssicherheit beschäftigt. Die Kryptologie lässt sich in die beiden Gebiete „Kryptografie“, die Verschlüsselung von Informationen, und „Krypt(o)analyse, die Informationsgewinnung aus verschlüsselten Informationen, unterteilen. (Quelle: WIKIPEDIA, die freie Enzyklopädie)
Sie kennen gewiss das Adjektiv „kryptisch“, welches in der Standardsprache im Sinne von „unklar oder uneindeutig in der Ausdrucksweise und folglich schwer zu verstehen“ verwendet wird.

Limerick: (Benannt nach der gleichnamigen irischen Stadt): Nach festliegendem Reimschema

verfasstes fünfzeiliges Gedicht von ironischem oder grotesk-komischem Inhalt. (Quelle: DUDEN. Das Fremdwörterbuch)
Ich habe Ihnen ja eine Kostprobe davon aus meiner Schatzkiste feilgeboten.

Monopol: Vorrecht, alleiniger Anspruch, alleiniges Recht, besonders auf Herstellung und Verkauf eines bestimmten Produktes.
Marktbeherrschendes Unternehmen oder Unternehmensgruppe, die auf einem Markt als alleiniger Anbieter oder Nachfrager auftritt und damit die Preise diktieren kann. (Quelle: DUDEN. Das Fremdwörterbuch)
Davor hat bereits Adam Smith gewarnt. Sie erinnern sich gewiss.

Output-Steuerung: Der neue Steuerungsmodus im Bildungssystem. Die Frage, wie soziale Systeme angemessen und wirksam gesteuert werden können, wird gerade in Zeiten tief gehenden gesellschaftlichen Wandels akut, da sich herkömmliche Steuerungsstrategien für neue Phänomene und Herausforderungen meist als unzureichend erweisen. So reicht auch im Schulsystem die lange vorherrschende Input-Steuerung nicht mehr hin. Durch die Outputorientierung sollen die Ergebnisse und die Qualität schulischer Arbeit stärker gewichtet sowie auf deren Effizienz hin überprüft werden. Entscheidend ist somit, was letztlich herauskommt. Viel stärker als früher liegt der Fokus daher nunmehr auf Outputfaktoren wie Leitbild, Schulprogramm, Zielvereinbarungen, schulinterne Qualitätssicherung, Selbstevaluation, Feedback und Rechenschaftslegung sowie auf externer Evaluation, System-Monitoring und Bildungsforschung. Sowohl die Ein- oder Vorgaben (der Input) als auch die schulische Arbeit (die „Black box" oder das „In between") sollen durch vorher klar definierte anzustrebende Ergebnisse (den Output) gesteuert werden. (Herbert Molzbichler)

Philologe: (griech.-lat.: „Freund der Wissenschaften"). Jemand, der sich wissenschaftlich mit Philologie – also mit Sprach- und Literaturwissenschaft – befasst. (Quelle: DUDEN. Das Fremdwörterbuch)

Plagiat: Unrechtmäßige Aneignung von Gedanken, Ideen oder Ähnlichem eines anderen auf künstlerischem oder wissenschaftlichem Gebiet und ihre Veröffentlichung; Diebstahl geistigen Eigentums.
Durch unrechtmäßiges Nachahmen entstandenes künstlerisches oder wissenschaftliches Werk. (Quelle: DUDEN. Das Fremdwörterbuch)

Plagiator: Jemand, der ein Plagiat begeht. (Quelle: DUDEN. Das Fremdwörterbuch).
Beim Käfig der Spezies „wissenschaftliche Abhandlungen“ im Bücherzoo trafen wir auf die gestrengen Wächter, die solche Plagiatoren aufstöbern und aus dem Wissenschaftsbetrieb verscheuchen.

*

Die erwähnten internationalen Vergleichsstudien im Überblick:

IGLU: Internationale Grundschul-Lese-Untersuchung
Das ist die deutsche Bezeichnung für PIRLS. (Siehe weiter unten!)

PIAAC: Programme for the International Assessment of Adult Competencies
Diese Studie misst die Schlüsselkompetenzen Lesen, (Alltags-)Mathematik und Problemlösen von Erwachsenen, präziser der 16- bis 65-jährigen Bevölkerung. Die erste Erhebung fand 2011/12 statt. Geplant ist ein Zehn-Jahres-Turnus.
Eine Vergleichsstudie der OECD.

PIRLS: Progress in International Reading Literacy Study
Diese Studie überprüft die Lesekompetenz von Schülern und Schülerinnen in der vierten Jahrgangsstufe, präziser deren Lesevermögen und Leseverständnis – also wie gut sie Texte lesen und verstehen können – am Ende der Grundschulzeit.
Findet alle fünf Jahre statt. Erste Erhebung: 2001
Wird von der IEA durchgeführt.

PISA: Programme for International Student Assessment
Diese Studie misst die Kompetenzen in Mathematik, im Lesen und in den Naturwissenschaften von 15- bis 16-jährigen Schülern und Schülerinnen. Alle drei Jahre wird eine andere Kompetenz als Schwerpunkt gemessen.
Erste Durchführung: 2000
Wird von der OECD orchestriert.

*

Die zwei erwähnten Organisationen:

IEA: International Association for the Evaluation of Educational Achievement (Internationale Vereinigung für die Evaluation des Bildungsfortschritts)

OECD: Organisation for Economic Cooperation and Development
(Organisation für wirtschaftliche Zusammenarbeit und Entwicklung)

***

Mit einem Personenregister möchte ich Sie keinesfalls auch noch quälen. Die genannten Herrschaften werden Sie ja kennen; wenn schon nicht persönlich, so doch vom Hörensagen oder anderweitig. Sollte der eine oder der andere Ihrer Aufmerksamkeit bislang entgangen sein, ist das auch kein Malheur.

***

Literaturhinweise

Erspare ich Ihnen, da ich Sie ja nicht zu überflüssigem Lesen verleiten möchte. Das kommt Ihnen jetzt zugute. Bingo!

***

Danksagung

Ich danke all jenen Zeitgenossinnen und Zeitgenossen aufrichtig für ihre Bereitschaft, mir darin zu folgen, das Thema „Lesen“ einmal von der anderen, der humoristischen Seite anzugehen. Die Lektüre des Büchleins hat Sie hoffentlich hin und wieder ein wenig nachdenklich gestimmt, aber vor allem zum Schmunzeln verleitet.

***

Unter uns noch ein Geheimtipp und eine kleine Überraschung zum Abschied:
Siehe ganz hinten!

Ganz hinten!

Ganz hinten!

Herbert Molzbichler: **Die scheinheilige Allianz.** Eine Streitschrift.
Hermagoras Verlag Klagenfurt/Laibach/Wien 2015.

Herbert Molzbichler: **Nachsitzen.** Österreichisches Bildungssystem am Pranger.
Braumüller Verlag Wien 2017.

***

Bedenken Sie:
Durchs Lesen wird die Welt zwar nicht genesen, aber gediegene Bildung ist ohne lesen nicht möglich. Folglich sollten wir eine Lanze fürs Lesen brechen.